漁樵問對淺釋

千古奇文《漁樵問對》全文直解

〔北宋〕邵雍　原典
慧劍　講述
淨心　整理

古籍書局
THE ANCIENT WORKS BOOK LIMITED

漁樵問對淺釋

作　　者：（北宋）邵雍 原典；慧劍 講述；淨心 整理

責任編輯：謙　和

裝幀設計：抱一工作室

出　　版：古籍書局有限公司

香港尖沙咀金巴利道 53 號

E-MAIL：qiandedushu@qq.com

發　　行：香港聯合書刊物流有限公司

香港新界荃灣德士古道 220-248 號荃灣工業中心 16 樓

印　　刷：深圳市精一瑞蘭印刷有限公司

深圳市龍崗區南嶺龍山工業區 25 號 1-3

版　　次：2025 年 3 月第 1 版第 3 次印刷

定　　價：HK$ 68.00　NT$ 306.00

ISBN 978-988-70850-3-4

Published in Hong Kong，China

見自己、見天地、見衆生

——《漁樵問對淺釋》緣起

《漁樵問對》是宋代著名理學家、北宋五子之一的邵雍夫子創作的一篇千古奇文。在此文中，邵子化身爲一位漁者，通過他和樵夫的對話，從利與害討論發端，將天地、萬物、人事、陰陽的終極奧秘闡述得淋漓盡致，堪稱一部融會邵子理學思想和易學思想的經典代表作。

古籍書局將《漁樵問對》進行注譯出版後，受到讀者的廣泛歡迎。考慮到《漁樵問對》所蘊含的義理甚深，爲領略邵子博大深邃的易學思想，參悟邵子所揭示的天地、社會、人事、陰陽的奧義，末學不揣淺陋，將《漁樵問對》作了一次初淺的研習，並整理成《漁樵問對淺釋》一書，和廣大讀者一起交流。由於末學德薄學淺，此次研習僅是對《漁樵問對》精微深義的淺探。邵子豐富的易學思想、高深的易道境界和書中所蘊含的天地、社會、人事的隱微深義，還需要我們每一個讀者自讀自悟。

正如邵子在《漁樵問對》當中所言：言之於口，不若行之於身，行之於身，不若盡之於心。《漁樵問對》的深刻寓意，需要我們每個人反觀自心，眞正從心地上去參悟體會，從以眼觀物到以心觀物，再到以物觀物，感受天地之心與陰陽大道，方能從漁夫和樵夫的一問一答中窺見自心的不可思議境界，從而見到天地萬物和芸芸衆生與我們自己的合一之性，這樣我們方能眞正見自己、見天地、見衆生。

慚愧學人慧劍

甲辰暮秋於香江

目 錄

《漁樵問對》題釋

尊敬的各位老師，大家好！

今天我們和大家一起來學習邵雍的一篇文章——《漁樵問對》，這篇文章被譽爲「千古奇文」，通過一位漁夫和一位樵夫的對話，給我們說明天地、萬物、人事和社會的奧秘。這是一部對話體的著作，內容不長，但是裏面蘊含深厚的道理，對我們了解天地宇宙的運行規律，認識自然、認識社會，懂得做人、處事，以及學習易理都很有幫助。

我們最近把這部書註譯整理出版了，深受讀者歡迎。實際上《漁樵問對》所蘊含的深刻哲理，要想進一步領會，還需要我們展開來學習。所以我們就把它向大家做一個簡單匯報。我們學習分成兩大部分，第一部分是解釋名題，第二部分是正釋經文。

解釋名題這一部分，給大家介紹這本書，同時也介紹書的作者邵雍 (字堯夫) 夫子。

這部書的書名叫做《漁樵問對》，也就是漁夫和樵夫的問答。整本書是以漁夫和樵夫的問答作爲展現的形式，來給我們說明天地、社會、人事的各種道理。

南宋有一位學者叫作晁 (cháo) 公武，他在談到《漁樵問對》這本書的時候，他就說「設爲問答，以論陰陽化育之端，性命道德之奧」。《漁樵問對》用問答的形式給我們論述陰陽化育的發端，以及性命道德的奧秘。這裏講到的漁夫和樵夫，實際上就是代表智者和仁者。孔子講「智者樂水，仁者樂山」。所以書中就用漁夫代表智者，用樵夫代表仁者。如果從五行來說，漁夫代表水，樵夫代表木。如果把五行跟五常相對應的話，木是主東方，代表仁；水是在北方，代表智。如果我們來把它和佛教當中的思想對照的話，漁夫是代表水，代表智慧，就是佛教裏面講到的智；樵夫代表木、代表仁，就是佛教裏面講到的悲，也就是慈悲與智慧。這是跟我們講到漁、樵這兩個意象當中所代表的中國文化，無論是在儒家、道家和佛家，它的象徵意義都是相通的。

漁夫的形象在中國的經典當中也經常出現，比如說在《楚辭》當中就有一段屈原和漁夫的對話。當時屈原被放逐在沅江邊遊蕩，他邊走邊唱，面容憔悴、模樣枯槁。漁夫見到他，就問他：「你是不是三閭（lǘ）大夫？爲甚麼把自己弄到這麼一番境地？」屈原就說：「舉世皆濁我獨清，衆人皆醉我獨醒。」天下人都是渾濁不堪的，只有我是清澈透明的，我不和他們同流合汙，所以我就被放逐了。

漁夫就對屈原說：「聖人不凝滯於物，而能與世推移。世人皆濁，何不淈（gǔ）其泥而揚其波？衆人皆醉，何不哺其糟而歠（chuò）其釃（shī）？」漁夫講，眞正的聖人不會被外在的事物所束縛，他能夠與世推移，他能夠跟隨世道變化而變化。既然這個世上的人都渾濁不清醒，那麼你爲何不攪渾泥水、揚起濁波？既然大家都醉生夢死，你爲甚麼不跟着大家也一起飲酒作樂、隨波逐流？實際上就是講到聖人應該和光同塵，要順應自然。

然後屈原就回答說：「吾聞之，新沐者必彈冠，新浴者必振衣。」我聽說，剛剛洗過頭的人，一定要把帽子上的灰塵彈掉；剛剛洗過澡的人，一定要抖落衣服上的這些灰塵。我怎麼能夠讓清白潔淨的自己沾染外在這些汙穢不堪的事物？我情願跳到湘江當中葬身魚腹，也不能夠讓潔白純淨之身蒙上世俗的塵埃。

漁夫聽了之後，就微微一笑就搖船而去，然後唱了一首歌，歌詞就是：「滄浪之水清兮，可以濯（zhuó）吾纓；滄浪之水濁兮，可以濯吾足。」不再跟屈原說話了。這一首歌也被稱爲《滄浪之歌》，我們還把這首歌配上了曲子，和大家一起來領悟這一首歌當中所蘊含的情感和智慧。

實際上在《漁樵問對》當中，漁夫是邵雍自己的化身。邵雍一生也沒有出仕，實際上也是一位隱士。此外在《莊子》當中也有《漁夫》一篇，講到孔子跟漁夫的對話，這裏面漁夫都是作爲一位隱士的形象而出現的。

這種漁隱文化在中國文化的各個方面都有深刻的體現。比如說我們大家知道的一首著名的詩——柳宗元的《江雪》，它體現的也是這樣一位漁夫的形象，所謂「千山鳥飛絕，萬徑人蹤滅，孤舟簑笠翁，獨釣寒江雪」。這種意趣、意境是難以用語言來表達的。包括《三國演義》的開篇詞，楊慎寫的《臨江仙》裏面也講到「白髮漁樵江渚（zhǔ）上，慣看秋月春風。一壺濁酒喜相逢，古今多少事，都付笑談中」。在《漁樵問對》裏面，正是應了這一句話「古今多少事，都付笑談中」，都在漁夫和樵夫的對話之間。

可以說漁夫、樵夫的這種形象、意境，不僅是中國文化的一種審美，也是中國人遺世獨立的這種情懷的體現。在中國歷史上有兩個人可以說就是漁夫和樵夫最直接的代表，第一個就是我們講的姜太公，姜太公釣魚的故事大家都知道，姜太公是一位大智者，他幫助周朝開創了八百年的基業。

還有一位樵夫的形象，大家應該也很熟悉，就是禪宗的六祖慧能大師，慧能大師在去見五祖之前，他就是一位樵夫，以砍柴、賣柴爲生，後來成爲禪宗六祖，是佛教中國化的最偉大的一位祖師。他留下一部《六祖壇經》，在佛教當中，歷代祖師大德的著作都不能夠稱之爲「經」，只有六祖這一部書是一個例外。

我們通過《漁樵問對》的書名，和大家一起談到中國文化當中漁夫、樵夫的意境和意象。

《漁樵問對》可分成三個部分，也就是漁樵問對、漁樵論易、漁樵觀物。這三個部分我們進一步又把它分成十七段，每一段我們加上了一個標題，這樣方便我們一段一段地來學習。我們大家可以參考古籍書局出版的《漁樵問對》的版本，作爲我們學習的原文教材。這是和大家講到《漁樵問對》的書名。

北宋理學大家邵雍的一生

接下來我們再講一講這部書的作者——邵雍的生平和他的一些故事。

邵雍，字堯夫，號安樂先生，又稱伊川翁，是今天河南省林州市人，祖籍是范陽（也就是今河北省涿州市）。他是北宋的理學家、數學家和詩人，和周敦頤、張載、程顥、程頤合稱爲「北宋五子」。邵雍出生於1012年，他從小就才智出衆，而且喜歡讀書，對自己要求非常嚴格，而且十分刻苦。爲了磨礪自己，他冬天不生爐子，夏天不扇扇子，夜晚讀書讀到很晚，就這樣堅持苦讀。苦讀幾年之後，他就感嘆「昔人尙友於古，而吾獨未及四方」，過去的人學習經典，同時還和古人做朋友，不但讀古人的書，而且去遊歷古人曾經遊歷過的地方，我現在只是讀了古人的書，還沒有去四方遊歷。所以他就穿越黃河、汾河，徒步江淮、漢江平原。到周朝時期齊國、魯國、宋國、鄭國的遺址去遊歷，來增長自己的見識。等到邵雍再回來的時候，他就感嘆到「道在是矣」，大道就在這裏了，從此他就沒有再出去遊歷，而是在家閉門學習。

邵雍在1026年（天聖四年），跟他的父親遷居到衞州共城（也就是今天河南省輝縣），在共城（輝縣）他遇到他的老師李之才，李之才當時是共城的縣令。他聽說邵雍好學，於是就去見邵雍，對邵雍講：「子亦聞物理性命之學乎？」你知不知道宇宙萬物之理的理學和關於性命的學問？邵雍回答說：「幸受教。」他願意接受李之才的教導，就這樣他拜李之才爲師，跟隨他學習《河圖》《洛書》，伏羲氏的八卦、六十四卦等學問，也就是學習《周易》，學習了很多年，可以說是深有所得。後來邵雍寫下了大量的易學著作流傳於世，在易學發展史上，邵雍的貢獻是非常大的，是兩宋之間首屈一指的易學大家。

在1049年（宋仁宗皇祐元年），邵雍從共城遷居到洛陽，邵雍初到洛陽的時候，家裏非常貧窮，所住的房子都是棚草做的門，難以抵擋風雨，他自己以打柴爲生，也就是做一個樵夫，砍柴、賣柴，自己親自燒火做飯來事奉父母。雖然日子過得很貧窮，一無所有，但是他過得很開心、很快樂。就像孔子的弟子顏回一樣，《論語》裏面講顏回「一簞食，一瓢飲，居陋巷，人不堪其憂，回也不改其樂。」當時的邵雍有滿腹學問，但是過得是非常簡單的生活，周圍人都很難理解，但是他自己卻自得其樂。

當時朝中的宰相富弼、司馬光以及著名的大臣呂公著等人都退居洛陽，他們都很敬重邵雍，常常和他來往。後來在1062年（嘉祐七年），邵雍的朋友司馬光、富弼，還有王拱辰等人，大家出資爲邵雍在洛陽的天宮寺西天津橋南邊置辦了一個園宅，從此邵雍就在這裏自耕自種，過上了自給自足的生活，他給自己的宅子起名叫「安樂窩」，自號「安樂先生」。他白天經常焚香靜坐，到了申時的時候（也就是下午三點到五點），自己喝幾杯小酒，喝到微醺就不喝了，還沒醉的時候就經常自己即興地吟詩自詠，所以邵雍留下了很多詩作。在春秋農閒的時候，他就經常出城遊歷，乘着一個小車，讓人拉着隨意而行，走到哪裏就是哪裏，過着一種怡然自得的生活。當時洛陽的士大夫家對於邵雍的車輪聲都很熟悉，都爭相迎接邵雍到自己家裏來。包括一些小孩、老人、僕人、衙役都非常喜歡邵雍，從來沒有人直呼他的名字，對他非常地敬重。

在宋仁宗嘉祐年間，當時皇帝下詔求散失在民間的賢才，當時的西京留守王拱辰就把邵雍推薦上去，朝廷準備任命他爲官，但是邵雍稱病沒有赴任。

邵雍在晚年患病垂危的時候，像司馬光、張載、程顥、程頤這些當時的賢達名人都輪流守候照顧他。在他將要臨終的時候，大家一起共同商議他的喪葬事宜，邵雍聽到之後，就囑託他的兒子，交代把自己葬於先祖的墳地，一切從簡。在1077年（熙寧十年）七月五日邵雍去世，終年六十七歲。

非常不可思議的是邵雍提前寫有一首詩叫作《病亟吟》，概括了他自己的一生。這首詩講到：「生於太平世，長於太平世。老於太平世，死於太平世。客問年幾何，六十有七歲。俯仰天地間，浩然無所愧。」我生在太平之世，長在太平之世，老於太平之世，死於太平之世。如果有人問我死時的年齡是多少？是六十七歲，邵雍很早就知道自己活到六十七歲。他的一生可以說是活得非常鮮活，非常明白，這在古今也是非常罕見的。這是簡單介紹邵雍的生平。

料事如神的易學宗師

我們同時再跟大家講講邵雍的幾個故事。

邵雍是易學大家，相傳易學裏面非常著名的預測方法《梅花易數》就是邵雍流傳下來的。邵雍不僅在易學的造詣上很深，同時在預測方面非常地精準，可以說是無比得神奇。

有一個「二雀鬧梅」的故事。講的是在辰年的十二月十七日這一天的申時，邵雍先生在觀賞梅花，見到兩隻鳥雀爭着站一個枝頭，而且雙雙墜地，他就覺得這個很奇怪，於是他就占了一卦。邵雍先生看了卦象，他就斷卦講到：這一天的晚上，會有一個女子來折梅花，園丁不知道甚麼原因會追這個女子，這個女子手足會摔倒在地上，而且會傷到右邊的大腿。後來發生的事情就完全如邵雍所料。

這個故事在《梅花易數》上有記載，記載得更加詳細，這也是《梅花易數》的來歷。

第二個故事，「馬踏牡丹」的故事。

在巳年三月十六日卯時，邵雍和客人一同去司馬光家共同觀賞牡丹。當時牡丹花開得很盛，有一個客人就問：「牡丹花開得如此旺盛，花有沒有氣數？」邵雍就回答講：「萬物都有氣數，而且既然你這麼問，我可以起卦預測一下。」於是邵雍就起了一個卦，看到這個卦象，他就對客人說：「這個很奇怪，卦象顯示牡丹明天午時就會被馬踏毀。」客人聽了之後覺得很驚訝，而且覺得難以置信。結果到了第二天午時，果然就有兩位官員騎着馬觀賞牡丹，突然之間兩匹馬撕咬起來，騎馬的人受驚，就縱馬疾馳，導致整個園子的牡丹都被馬踏毀了。

這個故事同樣也是說明邵雍斷卦非常準確，可以說是料事如神。

邵雍不僅料事如神，而且他觀人也非常準。根據宋代朱濟的《曲洧（wěi）舊聞》上記載，歐陽修的第三個兒子歐陽棐（fěi）考中進士以後，他在赴任之前去看望親戚朋友，他聽他父親的話，進城看望他姑媽，同時去拜訪邵雍先生。歐陽棐到了邵雍的安樂窩，一敲門，邵雍先生的書童就來開門，看他穿了一身的青衣，就和歐陽棐說：「我家先生早上就囑咐過我，說中午會有一個穿青衣的人來，果然你眞的就來了。」歐陽棐聽了之後覺得有點莫名其妙。

邵雍見到他之後就問他：「你是誰？你來我這裏有甚麼事情？」

歐陽棐回答說：「我叫歐陽棐，父親是歐陽修，我父親讓我前來拜訪你。」

邵雍說：「我知道你父親的大名，可惜我和他還沒有見過面，你來我這裏有甚麼事情嗎？」

歐陽棐說：「其實也沒有甚麼特別的事情，只是想來拜訪你。」

邵雍就說：「好，那你就聽我講一講。」

於是邵雍就跟他講了自己的生平經歷，而且每講一段就會問一下歐陽棐：「你有沒有記住？」歐陽棐就說：「我記住了！記住了！」這樣一直快到申時了，也就是下午快吃飯的時候，因爲在唐宋時期人們還是兩餐制，早上是七點到九點左右，叫作朝食，也就是早餐，下午三點到四點的時候吃第二餐，叫夕食，也就是申時。我記得我小時候家裏也是這麼吃飯的。因爲歐陽棐還趕着要去他姑媽家吃飯，所以他就起身告辭。邵雍把自己的生平經歷都跟歐陽棐講了一遍，在歐陽棐要告辭的時候，邵雍又把他送到門口，而且囑咐他說道：「我今天跟你講的，你一定要好好地記住。」歐陽棐說：「請您放心，我已經銘記在心。」雖然這麼說，但是歐陽棐不知道邵雍爲甚麼要跟他講自己的生平經歷，但是邵雍自己是一清二楚的。他爲甚麼要跟歐陽棐講他自己的生平經歷？我們還要和另外一個故事同時來看。

根據宋代廉宣的《淸尊錄》，以及江少虞的《事實類苑》，明代陸楫的《古今說海》等書的記載，當時宰相富弼在家養腿傷，沒有辦法出門，有一天他心裏面很煩，就讓書童去把邵雍請來和他一起聊天。邵雍進門之後看了看富弼面前的座椅，就問他：「你今天請了幾個人來？」富弼就講：「我今天就只請了你一個人，我腿受傷了，心裏很煩，哪怕是我兒子來了，我也把他趕出去。」邵雍就說：「你桌椅不夠。」富弼只請了邵雍一個人，大概只擺了一張椅子，邵雍講桌椅不夠，富弼就覺得很疑惑：「爲甚麼？」邵雍就對他說：「今天午時，會有一位綠衣少年騎着白馬來看你，你一定要見他，因爲這個人未來一定會負責修史，到時候他會負責爲你寫傳，把你載入史冊。」富弼聽了之後覺得非常得驚訝，但是他知道邵雍預測很準，所以又不得不相信，於是就告訴家人：「今天如果有客人來，不管貴賤，一定要立刻告訴我。」

果然到了中午的時候，有一個叫作范祖禹的人來看他。范祖禹是司馬光的學生，和司馬光一起編纂過《資治通鑑》。范祖禹穿的衣着、馬匹的顏色都跟邵雍說的完全一樣。於是富弼就拉着范祖禹的手說：「我現在已經年老了，身體又有病，平生碌碌無爲，但是還是有一片忠心，爲國家也做過一些事情。將來你給我寫傳記的時候，還勞請你多費一點神。」富弼這麼一說，讓范祖禹幾乎是受寵若驚，趕忙起來行禮，以爲他是客氣之言，他完全是一臉的茫然和不解。這個時候富弼就指了指邵雍說到：「就是這一位先生說的。」范祖禹當然也知道邵雍的大名，只要邵雍先生說的，大家都相信。

結果後來在1087年，邵雍跟富弼都去世十年以後，當時朝廷命令國史院修撰范祖禹和太常博士歐陽棐負責爲當時的賢人作傳，修撰《裕陵實錄》。當時朝廷用抽籤的形式來安排人寫傳，沒有想到他們兩個人抽到的分別就是富弼和邵雍，和當時邵雍說的完全一樣，可以說是不可思議。

還有一件不可思議的事情，就是邵雍臨終時期對自己的墓地喪葬的安排。在熙寧十年（1077），邵雍感覺到自己身體有一些不妙，有一天司馬光來和他閒談，邵雍忽然笑着說：「我要去觀看萬物輪迴了。」當時程頤也在場，程頤就擔心地跟他講：「先生的病他人可能是沒有辦法幫助的，可你自己得想辦法調養身體啊。」但是邵雍坦然地說：「調養也沒有用。」結果到了秋天的時候，邵雍的病就更加厲害，一天到晚躺在床上，當時司馬光、富弼、張載、程頤、程顥這些朋友天天來看他，守候在他的床邊。邵雍雖然四肢不能動彈，但是腦子很清醒，誰來了就和誰交談，講起學問還是滔滔不絕。

等到邵雍快要不行的時候，他的這些朋友大家就商量如何辦他的喪事，大家各自有各自的意見，一時不能夠定奪。邵雍在屋裏就聽到了，然後就把他的兒子叫到床前，跟他提了三個要求，要求他的兒子邵伯溫一定要滿足他。邵伯溫就哭着講：「父親您講。」邵雍就斷斷續續講了他的三個要求：「第一，我死了之後不能把我埋在洛陽，要葬在伊川先人的塋（yíng）地；第二，墓誌銘要由程顥程伯來寫，（所以後來邵雍的墓誌銘就由程顥寫的。）第三，埋葬我的時候不要陪葬任何東西，身穿粗布黑衣，衣服要抹上油，然後在入殮的時候要把李家的小禿閨女找來讓她看着。」說完邵雍就閉上雙眼離開人世了。

邵雍的家人和朋友就依照他的遺囑來處理他的喪事，在入殮的時候就把李家的小禿閨女找來了，讓她看着邵雍穿上粗布黑衣，在衣服上抹上油，然後裝進棺材。又讓李家的小禿閨女看了看裏面沒有陪葬任何東西，然後才釘好棺蓋，送往伊川的墓地，然後就安葬在了伊川先人的墳地。後來過了六、七十年，當年的李家的小禿閨女已經嫁了人，嫁了人又生了兒子，娶了媳婦，又生了孫子。他的孫子長大以後不成器，專門幹一些偷雞摸狗的勾當，經常去偷棺劫墓。有一天他就跟別人嘀咕着想要去偷邵雍的墳墓，結果恰好被李家的小禿閨女聽見了，她趕緊阻攔他說：「你們可別去，邵先生入殮的時候，我看得清清楚楚，棺材裏面甚麼東西也沒有，連衣裳也不是好的，衣服上還抹了油。」他的孫子就問：「是不是眞的？」李家的閨女就講到：「千眞萬確，這是我親眼看到的。」於是邵雍的墳墓就沒有遭到偷盜。原來邵雍在生前他就料到小禿閨女的孫子會是一個偷棺劫墓的人，而且會來盜他的墓。他在生前對於自己死後的事就已經知道得一清二楚。

此外，明代何孟春所撰的《餘冬序錄》裏面也記載了一件非常神奇的事情。在明朝景泰六年，這時邵雍已經去世378年了。洛陽城的城南有兩位農夫，因爲在耕田的時候挖得了一塊大方石，兩個人就起了爭執，然後就起訴到官府。當時的洛陽知府叫虞廷璽，虞廷璽升堂之後就聽這兩位農夫各自說自己的理由，其中一位農夫講這個石頭是自己耕地的時候得來的，另外一位農夫講這個石頭是對方在他的土地當中挖出來的。

虞廷璽覺得奇怪，就一塊石頭，爲甚麼這兩個農夫要把這個事情訴諸公堂？於是他就讓人把這個石頭抬上來，看一下到底是塊甚麼石頭。結果他仔細一看，發現石頭上刻了一行字「大明景泰乙亥知府事虞廷璽爲我復興此窩。」這一年正是景泰乙亥年，虞廷璽馬上就反應過來了，原來在三百七十八年以前，邵雍就預言了自己會爲他在此地重建「康節窩」。於是虞廷璽就把那一塊地收歸官府，在這個地方給邵雍修建了祠堂，這也是一件非常神奇的事情。

通過這些故事，我們就知道邵雍他是一位大智慧者，他對於自己生前身後的事都看得清清楚楚、明明白白。如果從佛家來講，他已經具有了宿命通，所以他才能把他死後的事都能夠說得清清楚楚。

這是我們在學習《漁樵問對》之前和大家簡單介紹一下邵雍的故事。

我們第一講就和大家學習到此地，謝謝大家。

利害第一

接下來我們開始正式學習《漁樵問對》的原文。《漁樵問對》可分成三大部分。我們又進而把它分成十七小節，而且每一小節加了一個小標題。需要說明的是，這些標題都是邵雍先生原文當中沒有的。

我們來看第一節「利害」。

漁者垂釣於伊水之上。樵者過之，弛擔息肩，坐於磐石之上，而問於漁者，曰：「魚可鉤取乎？」

曰：「然。」

曰：「鉤非餌可乎？」

曰：「否。」

曰：「非鉤也，餌也。魚利食而見害，人利魚而蒙利，其利同也，其害異也。敢問何故？」

這一段實際上是提出問題，我們一句一句來學習。

漁者垂釣於伊水之上。「漁者」指的就是打漁的人，也就是漁夫，在整篇文章裏實際上是代表智者。漁者在伊水邊垂釣，

「伊水」指的就是洛河的一條支流，在黃河的南邊，它起源於熊耳山南麓的欒川縣的陶灣鎮，流經嵩縣、伊川，最終注入洛河。邵雍一生大部分的時間都是在伊水邊度過的，所以他自稱「伊川翁」。

樵者過之。有一位打柴的樵夫路過，見到漁夫在這裏垂釣。

弛擔息肩，坐於磐石之上。他就把他的柴放下來了，坐在大石頭上休息。

而問於漁者，曰：「魚可鈎取乎？」樵夫就問漁夫：「魚可以用魚鈎釣上來嗎？」

曰：「然。」漁夫回答：「可以。」

曰：「鈎非餌可乎？」樵夫進一步說：「魚鈎上面如果沒有魚餌，能不能把魚釣上來？」

曰：「否。」漁夫回答說：「不能。」

曰：「非鈎也，餌也。」樵夫說：「把魚釣上來的那不是魚鈎，而是魚餌。」漁夫釣魚好像是用魚鈎在釣魚，實際上眞正起作用的是魚餌。

接下來樵夫說：「魚利食而見害，人利魚而蒙利，其利同也，其害異也。敢問何故？」魚因爲想要吃到食物，結果受到了傷害，被鈎子釣上來了；人因爲想吃魚，而蒙得利益。魚因爲想要得到食物的利益，結果遇到害；人爲了得到魚的利益，然後就用魚鈎去釣魚，把魚釣上來了，他就蒙受得到魚的利益。人和魚他所追逐的利益是相同的，但是所受的害卻不相同，請問這是甚麼原因？

這是《漁樵問對》的開篇，就是講到漁夫跟樵夫就釣魚這件事展開了討論，通過辯證地說明，把魚釣上來的是魚鈎還是魚餌的作用。實際上我們要知道，魚鈎和魚餌是緊緊相連的，如果只有魚鈎不能夠把魚釣上來，只有魚餌也不能夠把它釣上來，一定要魚鈎和魚餌相結合，它們連成一體才能夠把魚釣上來。

實際上把魚釣上來它要具足多方面的因素，要有魚鈎、魚餌，還有魚來吃魚餌，釣魚的人要把釣竿提起來，才能夠把魚釣上來。實際上魚鈎和魚餌就有體、用的關係在裏面，魚餌離了魚鈎就不能夠起作用，魚鈎沒有魚餌也釣不到魚，這是我們要明白。同時樵夫就提出問題，人跟魚都是爲了追逐食物的利益，爲甚麼一個受害、一個得利呢？

我們再來看漁夫的回答：

漁者曰：「子樵者也，與吾異治，安得侵吾事乎？然亦可以為子試言之。彼之利，猶此之利也；彼之害，亦猶此之害也。子知其小，未知其大。魚之利食，吾亦利乎食也；魚之害食，吾亦害乎食也。子知魚終日得食為利，又安知魚終日不得食為害？如是，則食之害也重，而鈎之害也輕。子知吾終日得魚為利，又安知吾終日不得魚不為害也？如是，則吾之害也重，魚之害也輕。以魚之一身，當人之一食，則魚之害多矣；以人之一身，當魚之一食，則人之害亦多矣。又安知釣乎大江大海，則無易地之患焉？魚利乎水，人利乎陸，水與陸異，其利一也；魚害乎餌，人害乎財，餌與財異，其害一也。又何必分乎彼此哉！子之言，體也。獨不知用爾。」

這一段是漁夫回答樵夫的問題。

漁者曰：「子樵者也，與吾異治，安得侵吾事乎？」漁夫講：你是一個砍柴的樵夫，你跟我從事的事情是不同的，你怎麼也評論起我的事情來了？不過我還是可以試着跟你解釋一下。

後面漁夫就說：「彼之利，猶此之利也；彼之害，亦猶此之害也。」「彼」指的是魚，「此」指的是我，指的是人。魚的利和人的利是一樣的，魚的害其實跟人的害也是一樣的。

子知其小，未知其大。你只看到小的方面，不知道大的方面。漁者認爲樵者只是從魚的角度來看問題，沒有從全局的角度來看這個問題。

漁夫又說：魚之利食，吾亦利乎食也；魚之害食，吾亦害乎食也。魚去吃魚餌是爲了得到食物的利益，人去釣魚也是爲了得到食物的利益，人和魚都是在追逐食物的利益。從利的方面講，人跟魚是完全一樣的，魚因爲追逐食物的利益去吃魚餌而被釣起來，這是魚所受的害，魚是因食得害。實際上人也是如此，人爲了追逐利益，實際上由此也會給自己帶來害處。在上古時代，人們爲了得到食物去打獵，或者是捕魚，在這個過程中他就會遇到危險，也有可能會讓自己喪命，人和魚所面對的危害其實也是相同的。

後面漁夫又說：子知魚終日得食爲利，又安知魚終日不得食爲害？你只知道魚一天到晚以得食爲利，又怎麼知道魚一天到晚以不得到食物爲害呢？魚沒有食物，它可能就會餓死。

如是，則食之害也重，而鈎之害也輕。這樣說來，如果得不到食物，害處對魚來講就更重了，而魚鈎對於魚的害處相對就較輕了。

子知吾終日得魚爲利，又安知吾終日不得魚不爲害也？你只知道我整天在這裏垂釣魚，以得到魚爲利益，你哪裏知道，如果我一天釣不到魚，那麼我就沒有食物可吃，危害就更大。

如是，則吾之害也重，魚之害也輕。如果這樣來看，我釣不到魚，沒有食物吃就不能夠生存下去，這個危害更重大，而我爲了釣魚所要付出的勞苦和危險，危害就顯得小了。

後面說：以魚之一身，當人之一食，則魚之害多矣；以人之一身，當魚之一食，則人之害亦多矣。從魚的角度來看，用魚的一身作爲人的食物，那麼魚受到的害就多了。如果從人的角度來說，用人的一身來作爲魚的食物，那麼人受到的害也很大。

後面說：又安知釣乎大江大海，則無易地之患焉？漁夫跟樵夫講：你又怎麼知道在大江大海裏釣魚，就沒有掉落水中的危險？漁夫釣魚，實際上也是有很大的危險的。

後面漁夫又說到：魚利乎水，人利乎陸，水與陸異，其利一也。這就是講魚在水中能得到利，人在陸地上能得到利，水和陸地不同，但是雙方所受的利益是一樣的。

魚害乎餌，人害乎財，餌與財異，其害一也。魚因爲受到魚餌的誘惑咬了魚餌，結果就會被人釣上來，因此而喪命；人也會因爲追逐財利而受害。魚餌和財利雖然是不同的事物，但是會讓魚和人受害，受害的性質卻是一樣的。

又何必分乎彼此哉！你又何必分出一個彼此來？人和魚所受的利、所受的害其實是一樣的。

後面說：子之言，體也。獨不知用爾。你說的話只是講的事物的體，而不知事物的用。

這一段話就是漁夫回答前面樵夫的問題。這裏面講到了一個核心關鍵就是利和害的問題，其中最重要的一句就是，魚害乎餌，人害乎財，餌與財異，其害一也。你看魚因爲魚餌而喪命，人爲了追逐財利，最終也讓自己跌落深淵。這樣的例子古今中外都非常非常得多了。

實際上這一段就是告訴我們，看任何問題，我們要辨證地來看，利和害實際上是相輔相成的，利的反面就是害。魚看到魚餌，受到魚餌的誘惑，和人見到財物、受到財物的誘惑，所受的誘惑性質是一樣的，而得到的危害其實本質也是一樣的。我們在日常生活當中，我們所追逐的各種利益，實際上它也隱藏着潛在的危害。所以說一個眞正有智慧的人，他在看待事物的時候，他就能夠正確地看待其中的利害、得失，然後懂得在中找到平衡。

這一段話實際上也是告訴我們，要懂得正確地來認識利和害。我們在面對一項事物的時候，如果只是看到它的利，不能夠看到它的害的時候，很有可能就會讓我們爲了逐利而受害。就像魚在面對魚餌的時候，它只想到了食物的美味，而忘記了魚餌會給它帶來的患害。所以這就告訴我們，在日常生活當中，在一切的境界當中，我們要懂得辨別其中的利害關係，然後做出正確的選擇。

實際上利和害它都是相對的，不是絕對的。古代有一個「塞翁失馬」的故事，就是一個很好的說明。

在《淮南子》裏面講了這麼一個故事。在邊塞的地方住著一個善於推測術數的老人，有一天老人家的馬無緣無故地越過邊界，跑到胡人那裏去。因爲在古代馬是重要的生產資料，馬跑了，大家都去安慰這個老人家。老人家他就說：「這怎麼就不能是一件好事呢？」大家認爲馬跑了是壞事，老人不這麼看，他覺得壞事也有可能變成好事。

結果過了幾個月之後，他們家的馬就帶着胡人的一匹駿馬跑回來了，周圍的人又來塞翁家祝賀他們。但是塞翁就說：「這也不見得一定是一件好事，說不定是一件壞事。」大家都覺得老人不可理喻，明明家裏面添了一匹好馬，怎麼能變成壞事？大家都覺得這個老頭得了便宜還賣乖。

不過過了一段時間，發生的事情就讓人大跌眼鏡。塞翁的兒子喜歡騎馬，有一天他騎馬就從馬上摔了下來，跌斷了大腿。兒子騎馬摔斷了腿，周圍的鄰居又來他家安慰，結果塞翁又說：「這也不見得是一件壞事，說不定會是一件好事。」周圍的鄰居又覺得十分得不解，老人說話怎麼這麼怪怪的？

結果過了一年以後，胡人大舉地入侵，這些青壯年男子都被抓去做了士兵。在那個時候去做了士兵，一打仗可以說十之八九有去無回了。但是因爲老人的兒子腿斷了，就被免於參軍，於是父子雙雙都得以保全生命。

「塞翁失馬」的故事我想大家都很熟悉，其實就是告訴我們利和害、禍和福是對立而統一的，實際上好事、壞事在一定的條件下它是可以互相轉換的，壞事可以變成好事，好事也可以變成壞事。裏面這個變化是無窮無盡的，這裏面的道理也是深不可測的。實際上利和害也是如此。

講到利害，我們再給大家分享一個故事。

在佛經上有這麼一個公案。有一天佛帶着弟子阿難出外托缽化緣，忽然在路上發現了一堆黃金。佛陀就對阿難說：「阿難，你有沒有看到，那裏有毒蛇。」阿難就朝黃金看了一看，回答佛說：「世尊，我見到了，確實是毒蛇。」說完佛陀和阿難就繼續托缽前行了。

這個時候有一對在田間耕作的父子，一聽說有毒蛇，就生起了好奇心，想看個究竟，結果他們跑來一看，發現有一堆黃金。他們心想：「哪裏是毒蛇，分明是黃金，剛才佛陀和阿難卻把它看成毒蛇，眞的是太傻了。」於是這對父子倆非常得高興，笑得合不攏嘴，把黃金就帶回家了。他們本來是貧苦的農民，一下子就成了百萬富翁，從此以後農夫也不用耕作了，每天就過着很愉快的生活。

他的隔壁鄰居看到他突然之間變得有錢了，就生起了嫉妒心，想要知道他怎麼這麼有錢，所以就開始調查他致富的原因。

有一天鄰居就從一個小孩的口中得知他們家因爲撿得黃金而致富的消息，就把這個事情就告訴了國王。當時印度的法律規定，百姓是不可以私藏黃金的，而且那些黃金是被人從國庫裏面偷出來的。於是這一對父子就成了最大的嫌疑，就被抓去審問，最後就被處以刑罰，關進了牢獄。

父子倆被關進監獄，而且還挨了一頓毒打。這個時候他們才覺悟到爲甚麼當時佛陀說這一堆黃金是毒蛇。於是這一位父親就自語到：「阿難，你看到了嗎？那裏有毒蛇。」兒子看到父親也若有所悟地說：「是的！佛！我看到了，那是毒蛇。」

這對父子這麼對話的時候，獄卒聽到了，覺得這個事情非常地蹊蹺，於是就問明這一對父子倆的情況。父子倆就把前後的經過說了出來，獄卒就把這個事情匯報給了國王。因爲國王對佛非常得敬仰，就派人去查明這個事情的眞相。當他了解到事情的眞相之後，就把這對父子放出來了。然後說到：「世尊大慈悲，黃金稱毒蛇，欲令人遠害。人不信佛說，貪心致罪責。倘能憶佛言，刑罰可永息。」

這就是「黃金與毒蛇」的故事，告訴我們如果我們對於利益生起一念的貪心，可能就會給我們帶來無邊的苦果。

這是講到利害這一段，我們通過兩個故事來說明其中的道理。實際上，我們人的一生各種的禍患，都是從求利當中產生來的，但是我們人又不能夠不求利，因爲在這個世間我們要生存。比如說漁夫要捕魚，樵夫要砍柴，要捕魚就有可能跌落水中；要砍柴，在山中可能會遇到猛獸，都會有危險。但是我們要在利害當中取得一個平衡，不能夠過分地追逐利，反而導致自己受害。

就像做官的官員，他得到薪水其實已經夠他的生活了。但是如果他生起貪心，貪求更多，反而就會讓自己受害。在生意場上也有很多的商人，他已經賺得了一定的財富，但是爲了得到更多的財富，因此去冒更大的險，結果導致自己反而受到更大的損失，這樣的事例非常多。所以講到利害，最重要的是告訴我們不能夠過分地貪婪，不能夠過於貪求利益。

在《二十四史》的《陳書》裏面有這樣一段話，講到「患難之生，皆生於利，苟不求利，禍從何生。」我們人生所有患難的產生，都是因爲追逐利益所引起的；如果我們能夠不追逐利益，禍患又能夠從哪裏產生？就像魚，如果它不是因爲受到魚餌的誘惑，又怎麼會被人釣起來，然後成爲人的食物？而人到大江、大海當中去釣魚，爲了得到魚的利益，一不小心也有葬身魚腹的危險。這就告訴我們，在利益面前我們要保持一顆清醒的心。

在中國的傳統經典裏面告訴我們，不要追逐利益，而要把義放在第一位。《大學》裏面講「國不以利爲利，以義爲利」。《周易》裏面講到「義者，利之和也」。眞正的利是義，也就是道義。我們每個人在日常生活當中盡到自己的義，這就足夠了。

這是從《漁樵問對》裏面講到了利和害，我們聯繫到我們做人的義與利。在日常生活當中，我們求利要求甚麼利呢？要求天地之利，也就是《孝經》裏面講的「用天之道，分地之利」。通過自己的勞作得到收成，這個利當中可以說沒有害。如果我們要求分外之利，不是我們該得的利，這其中就有極大的害在裏面。所以我們在追逐利益的同時，要以甚麼爲準則呢？要以天道爲準則。

《周易》大有卦上九的爻辭講到「自天祐之，吉無不利」。我們做事情，如果能夠得到上天的助祐的話，那麼就會吉祥，無往而不利。孔子在《繫辭傳》裏面特別有解釋這一條爻辭，《繫辭傳》裏面說：「子曰：祐者，助也。天之所助者順也，人之所助者信也。履信思乎順，又以尚賢也。是以至天祐之，吉無不利也。」上天所幫助的是順從天道的人，人所幫助的是講求信譽的人。一個人能夠講求信譽，而且順從天道，又能夠崇尚賢人，所以就能夠得到上天的助祐，能夠吉無不利。

這是從利害這一節我們展開來和大家談到利與害，義與利的問題。

這一節我們就學習到此地，謝謝大家。

體用第二

我們繼續來學習《漁樵問對》。我們再來看第二節「體用」。

我們來看原文：

> 樵者又問曰：「魚可生食乎？」
>
> 曰：「烹之可也。」
>
> 曰：「必吾薪濟子之魚乎？」
>
> 曰：「然。」
>
> 曰：「吾知有用乎子矣。」
>
> 曰：「然則子知子之薪，能濟吾之魚，不知子之薪所以能濟吾之魚也。薪之能濟魚久矣，不待子而後知。苟世未知火之能用薪，則子之薪雖積丘山，獨且奈何哉？」

這個時候樵夫又問漁夫：「魚能不能夠生着吃？」

漁夫回答說：「魚要煮熟之後才能夠吃。」當然了，這是我們中國人的飲食習慣，在歐美、在日本，也有吃生魚片的吃法，這個我們放在一邊不談。

樵夫說：「那你煮魚一定需要我的柴火了。」

漁夫回答說：「自然是需要的。」

樵夫說：「那我知道我的薪柴對你有用了。」

接下來漁夫就說：「你雖然知道你的柴可以煮我的魚，但是你卻不知道爲甚麼你的柴可以煮我的魚的道理。現在我們知道柴能夠煮魚，這已經是一條常識了，不需要你說我們也能夠明白。但是如果世上的人還不知道火可以用薪柴點燃的話，那麼你的柴哪怕堆積如山，又有甚麼用呢？」實際上這裏就講到火的利用。也就是說，如果人類沒有利用火，那麼柴再多也沒有用處。學會用火可以說是人類文明的一大進步。

下面說到：

樵者曰：「願聞其方。」

曰：「火生於動，水生於靜。動靜之相生，水火之相息。水火，用也；草木，體也。用生於利，體生於害。利害見乎情，體用隱乎性。一性一情，聖人能成。子之薪猶吾之魚，微火則皆為腐臭朽壞，而無所用矣，又安能養人七尺之軀哉？」

樵夫就講到：「我希望你來給我詳細地說明其中的道理。」

漁夫就說到：火生於動，水生於靜。火生於動，我們不難理解，像摩擦生熱，這是一個物理學的常識，這也是火的特性，火是由動而生的。像古時候鑽木取火，其中的原理，就是因爲火是由動而生。水生於靜，水的特性，它是從平靜當中產生的。

後面講到：動靜之相生，水火之相息。動靜、水火是相生、相息的。如果我們燒過柴，你就會知道，柴在燒的時候，尤其是濕柴，燒的時候就會出水，高溫會把水從物體當中擠出來。這也是我們現在的一個物理學常識，實際上這裏面體現的就是水火相息的道理。

後面就講到體用的關係：水火，用也；草木，體也。水、火講的是用，草、木實際上指的是體。

後面講：用生於利，體生於害。事物的用是怎麼來的？是因爲人要求得利益，求得利益才會產生用。好比柴的體是木頭，火是柴的用。用怎麼來的？是因爲人要求利，要用柴火來煮飯，來煮食物，要求利，所以才會有用。用是在利之處產生的。體生於害，體是在害之處產生的。

後面講：利害見乎情，「見」字通「現」。利、害體現在哪裏？就體現在情上。體用隱乎性。體、用是隱藏在性當中。

後面講：一性一情，聖人能成。這是跟我們說，只有聖人才能夠利用每一事物，只有聖人才能夠掌握所有事物的體、用的規律。就像上古時期，燧人氏就是告訴人們怎麼樣用火的人，像這樣的人可以說就是聖人。

後面漁夫說：子之薪猶吾之魚，微火則皆爲腐臭朽壞，而無所用矣。如果沒有人發明火的話，你所砍的薪柴，我釣的魚，如果沒有火起作用，那麼魚就會變得腐臭，會臭爛，你的柴也會朽壞，通通都起不到作用，又怎麼能夠滋養人的七尺之軀呢？

我們再來看下面的內容：

> 樵者曰：「火之功大於薪，固已知之矣。敢問善灼物，何必待薪而後傳？」

樵夫說到：「火的功用比薪柴要大，我現在已經知道這個道理了。我現在想請問，火能夠燒掉一切的物體，但是爲甚麼一定要有薪柴才能夠傳遞火呢？」好比我們今天用火，火一定是要有燃料，要麼是木材，要麼是液化氣，要麼是電，它一定要有一個能量的源頭，這其中是甚麼樣的道理呢？

我們來看漁夫的回答：

> 曰：「薪，火之體也。火，薪之用也。火無體，待薪然後為體；薪無用，待火然後為用。是故凡有體之物，皆可焚之矣。」

這裏就跟我們講到體、用的關係。「薪」也就是薪柴。薪柴是火的體，火是薪柴的用，這一點我想大家應該不難理解。火是沒有體的，一定要有薪柴才有體。當然現在不一定是薪柴，有煤，或者是液化氣，這些也通通可以作爲火的體。薪無用，待火然後爲用。薪柴不能夠起作用，就像我們砍柴，砍柴如果沒有火的話，它是不會起作用的。我們用火一定要有一個火源，過去是用火柴，現在普遍是用打火機。我們無論是用柴火，還是用液化氣，都需要有一個火源，有了火源，然後柴，或者是液化氣才能夠起作用。火起作用之後，凡是有體的物，火都能夠把它燒掉。這是給我們說明火的體和用。

下面樵夫又問：

曰：「水有體乎？」

曰：「然。」

曰：「火能焚水乎？」

曰：「火之性，能迎而不能隨，故滅。水之體，能隨而不能迎，故熱。是故有溫泉而無寒火，相息之謂也。」

樵夫問：「那水有沒有體呢？」

漁夫回答：「水也是有體的。」

樵夫又問：「火能夠把水燒掉嗎？」

漁夫就回答說：火之性，能迎而不能隨。這是給我們講到火的性質，火的性質是能夠往上迎，但是它不能夠往下而隨。因爲火的性是往上的，水的性是往下的，所以火遇到水，火就會熄滅。水的體是能隨，它能夠隨順，而不能夠上迎，所以水遇到火就會發熱，涼水就會變成開水。所以在自然當中我們看到有溫泉，但是沒有寒火，這就是因爲水火相息的原因。

後面說：

曰：「火之道生於用，亦有體乎？」

樵夫又問漁夫:「火通過燃燒能夠起作用,那麼火有沒有它的體?」

我們來看漁夫的回答:

漁夫說:曰:「火以用為本,以體為末,故動;水以體為本,以用為末,故靜。是火亦有體,水亦有用也。故能相濟,又能相息。非獨水火則然,天下之事皆然,在乎用之何如爾!」

這裏面就跟我們講到事物的本末和體用的關係,火是以用爲根本,以體爲枝末,所以火是動的。水是以體爲根本,以用爲枝末,所以水是靜的。這一點我們在日常生活當中我們可以去觀察,不難明白這個道理。所以漁夫就講到,火也有體,水有用,水火互相能夠相濟,又能夠相息。「相濟」也就是互相幫助;「相息」就是能夠把對方熄掉,水可以把火熄掉,火也能夠把水給燒乾,這就要看誰的力量更大。實際上天下的事物不都是水火是這樣的,所有的事都是如此,就在於我們怎麼用而已。

我們再來看樵夫的問:

樵者曰:「用可得聞乎?」

用的道理你能不能夠講給我聽一聽?

接下來是漁夫的回答：

曰：「可以意得者，物之性也；可以言傳者，物之情也；可以象求者，物之形也；可以數取者，物之體也。用也者，妙萬物為言者也，可以意得，而不可以言傳。」

這裏面跟我們講到事物的性、事物的情、事物的形以及事物的體。

這裏講到：可以意得者，物之性也；「意」就是感知。事物的性能，我們通過感受是可以知道的。就好比我們感受到冰是涼的，火是熱的；水在不同的時候，不同的溫度下它有涼、有熱。這是講到事物的性，它是可以以意而得，我們可以去感知它。

可以言傳者，物之情也。這是講事物的情狀，情實際上是體現在外的，體現在外的可以用言語來形容。比如說水，我們看到水，它的外在的形狀是透明的，如果裏面有雜質的話，那麼就會有別的顏色。火，我們看到的是火燄，火燄是紅色的，或者是黃色的，這是可以用語言來傳達出來的。

可以象求者，物之形也。「象」是指形象。可以以形象來求得的是事物的形狀，比如說我們看到這個事物，它是長的、還是圓的、還是方的？這是它的形狀。

可以數取者，物之體也。可以用數量來計算，是事物的體。這個「體」指的是個體，比如說人，一個人、兩個人，這個是可以用數量計算的，實際上所有的事物都是可以用數量來計算的。

後面說：用也者，妙萬物爲言者也。講到用，事物的用這個概念，它是精妙地描述萬物的。

這個概念，可以意得，而不可以言傳。我們可以意會，但是很難用語言能夠把它傳達出來。

我們接着再來看後面的內容：

> 曰：「不可以言傳，則子惡得而知之乎？」
>
> 曰：「吾所以得而知之者，固不能言傳。非獨吾不能傳之以言，聖人亦不能傳之以言也。」

這個時候樵夫就說：「既然不可以言傳，你是怎麼知道的？」

漁夫回答說：吾所以得而知之者。我能夠了解事物的用，這個確實是不能用語言能夠表達出來的。不單是我不能夠用語言來把它說出來，就連聖人也不能夠用語言把它表達出來。實際上這裏面講的就是佛教裏面說的「言語道斷，心行處滅」的意思，這其中的道理確實是用言語無法說出來的。

後面說：

> 曰：「聖人既不能傳之以言，則六經非言也耶？」
>
> 曰：「時然後言，何言之有？」

樵夫又說：「既然聖人都無法用言語把它傳達出來，那麼爲甚麼聖人又給我們留下六經？難道六經不是用語言文字的形式流傳下來的嗎？」

我們來看漁夫的回答。漁夫說：時然後言，這個時機到了，然後才有言說。哪裏有言說？實際上既沒有言說的人，也沒有言說的相，也沒有言說的體。時然後言。我們去體會其中的意境，可以說是非常的微妙。

這一段如果我們學習過佛法，你就會有深刻的體會。甚麼叫作時然後言？就像佛經上講到「一時」，一時就是時然後言，「時」就是機緣成熟之時，因緣成就之時。聖人之言實際上是無言之言，我們不要執着語言文字的相，要從語言文字當中去領悟這個理，也就是佛教裏面講到的要離言說相。

漁夫說了這一段之後，樵夫就明白了。

後面說：

> 樵者讚曰：「天地之道備於人，萬物之道備於身，眾妙之道備於神，天下之能事畢矣，又何思何慮！吾而今而後，知事心踐形之為大。不及於之門，則幾至於殆矣！」
>
> 乃析薪烹魚而食之，飫而論《易》。

這個時候樵夫就讚嘆到：天地之道備於人。天地的大道完全備於人的一身。我們常常講，天地是一個大宇宙，人是一個小宇宙，人和天地實際上是合一的。中國人講天人合一，我們從人的身上就能夠去體會天地之道。

萬物之道備於身。萬物的道理完全完備於我們人的身體，通過我們人的身體，你就能夠感悟到萬物之道。

衆妙之道備於神。這個是講我們人的精神性，一切的微妙的道理都在人的精神當中，人的精神世界可以說是微妙無窮的。

天下之能事畢矣，又何思何慮！如果你能夠明白前面三點：天地之道備於人、萬物之道備於身、衆妙之道備於神，那麼天下所有的能力、智慧你都具足了，你就沒有可以思慮的事了。

這三句話其實它的意思眞的是非常深的，這需要我們自己去體悟。通過我們自身的修煉領悟，你就能夠感受到天地萬物一切的微妙之道都不離我們自身，通過我們的心，你就能夠見天地、見衆生、見自己，就能夠讓我們見到事物的本質，見到事物的規律，然後達到一種超然的境界，達到一種物我一體和天地合一的境界。這樣你就可以放下你的種種思慮。思慮就是我們講的妄想、分別、執着。當你到這個境界，你的妄想、分別、執着自自然然放下，你就跟天地合一。

後面樵夫說：吾而今而後，知事心踐形之爲大。我現在知道，從今往後我要用心去感知、用行去實踐，這是最重要的。去感知甚麼？就是感知天地萬物。去實踐甚麼？就是實踐天地之道。

後面說：不及於之門，則幾至於殆矣！我如果不是到你這裏來求教，跟你交談，我幾乎不能夠有這樣的領悟，悟不到這樣一個境界，我差點就成了一個無知的人了。

於是樵夫就劈開柴火，然後點燃把魚煮了，兩個人一起來吃魚，吃飽之後就討論易道。

這一段文章，樵夫跟漁夫他們的對話，主要是跟我們講到水火、體用的這些概念，進而講到事物的性、事物的情、事物的形，和事物的體，還有事物的用，實際上這些都是很難用言語來表達的。古人留下的經典就是爲了讓我們領悟這其中的道理。

這裏面有兩句話我認爲是非常經典的，第一句就是漁夫說的，時然後言，何言之有？我們要知道，聖人所說的一切的言語都是因時而說的，都是在時機成熟，在機緣成熟的情況下所說的。就像佛講的一切法，都是因爲時節因緣成就，在「一時」的情況下說的，他是說而無說、言而無言，所以佛到最後講到他沒有說任何一法。孔子也講到「天何言哉？四時行焉，百物生焉，天何言哉？」

第二句就是樵夫讚嘆所說的，天地之道備於人，萬物之道備於身，衆妙之道備於神。天地萬物的道理都在我們的人身上。中國文化講人和天地並稱「三才」，就是因爲人能夠行天地之道。天地之道體現在哪裏？就體現在經典當中，尤其是易學，易學的道理彰顯的就是天地的規律、自然的規律。

我們眞正能夠領悟這幾句話，你就能夠見天地、見萬物、見自己。

物我第三

我們繼續來學習《漁樵問對》，我們來看第三節「物我」。

> 漁者與樵者遊於伊水之上。
>
> 漁者嘆曰：「熙熙乎萬物之多，而未始有雜。吾知遊乎天地之間，萬物皆可以無心而致之矣。非子則孰與歸焉！」

這是講到漁夫和樵夫兩人在伊水之上遊玩，漁夫就感嘆地說道：熙熙乎萬物之多。「熙熙」出自於《史記》上的《貨殖列傳》裏面講的「天下熙熙，皆爲利來，天下攘攘，皆爲利往。」世間的一切衆生都是以求利而謀得生存的。世界上的萬物雖然很多，但是卻不雜亂。

然後漁者說：吾知遊乎天地之間，萬物皆可以無心而致之矣。我知道遊戲於天地之間，萬物都可以通過無心來明白、來了解。非子則孰與歸焉！如果不是你，我又能夠和誰一起談經論道？

漁夫在這裏講到的萬物皆可以無心而致，實際上這是一個很高的境界。甚麼叫無心？就是不起心、不動念。你沒有起心動念的時候，你就能夠知萬物、知天地、知眾生。

我們再看下面的原文：

樵者曰：「敢問無心致天地萬物之方？」

樵夫向漁夫請教：「怎麼樣才能夠做到以無心來了達天地萬物？」

我們來看漁夫的回答：

漁者曰：「無心者，無意之謂也。無意之意，不我物也。不我物，然後定能物物。」

漁夫回答說：無心就是無意的意思。甚麼叫無意？「意」就是我們的心有動，我們的心不動，這叫無意。

後面說：無意之意，不我物也。甚麼叫無意之意？「無意」的意思指的就是不要把我跟物來分開。我們要明白我們和物是一體的，古人講，萬物一體謂之仁。我們和物是一體的，我們和一切眾生都是一體的。

後面說：不我物，然後定能物物。「不我物」指的就是不把我和物分開，我們能夠做到物我一體。你能夠做到物我一體，那就能夠知道物物是相通的，也就能夠做到這裏說的定能物物。後面的「物物」，第一個「物」是動詞，第二個「物」就是名詞。第一個「物」是對待事物的意思，第二個「物」指的就是事物的本身。

講到這裏，樵夫還沒有完全明白，他又進一步說到：

曰：「何謂我，何謂物？」

甚麼是我？甚麼是物？

漁夫在後面說到：

曰：「以我徇物，則我亦物也；以物徇我，則物亦我也。我物皆致，意由是明。天地亦萬物也，何天地之有焉！萬物亦天地也，何萬物之有焉！萬物亦我也，何萬物之有焉！我亦萬物也，何我之有焉！何物不我，何我不物！如是則可以宰天地，可以司鬼神。而況於人乎？況於物乎？」

邵雍先生這一段的文字境界非常得高，完全達到了物我兩忘的境界。

漁夫說：以我徇物，則我亦物也。「徇」字是「從」的意思，「以我徇物」就是以我從物，這樣我就成了物的一個部分。

以物徇我，則物亦我也。就是以物從我，那麼物也就變成了我的一個部分。物和我實際上是一體的。

我物皆致，意由是明。如果我和物都能夠用同樣的想法，都能夠這麼想，物我相通這個道理就非常地簡單明了了，我和物就等於是沒有分別了。

所以後面說：天地亦萬物也，何天地之有焉！天地也是萬物的一部分，哪裏有天地之分？

萬物亦天地也，何萬物之有焉！萬物也是天地，哪裏有甚麼萬物之分？

後面有說：萬物亦我也，何萬物之有焉！萬物實際上都屬於我，都和我是一體的。既然是一體的，哪裏還有萬物之分。

我亦萬物也，何我之有焉！我也是萬物，哪裏有我的分別。物和我它完全是一體，是不可分開的。

所以後面說：何物不我，何我不物！哪一樣事物不是我，我又不是哪一樣事物。這一句話跟陸九淵先生所說的「我心卽宇宙，宇宙卽我心。」是相通的。

如是則可以宰天地，可以司鬼神。我們到了這樣一個境界，如果能夠做到物我一體，這樣就可以主宰天地，可以主管鬼神。

而況於人乎？況於物乎？何況是人？何況是物？

實際上這就是解釋前面一段所說的，天地之道備於人，萬物之道備於身，衆妙之道備於神。也就是把我們自身和天地、和萬物完全合爲一，完全到這種合一的狀態，我卽是天地，我卽是萬物；天地卽是我，萬物卽是我，天地、我、萬物完全是一體的，我們從自身就能夠見到天地、見到萬物，這就印證了前面所說的天地之道備於人，萬物之道備於身，通過我們自身就能夠見天地之道，就能夠見萬物之道。

這一段就是跟我們闡述天地萬物和我之間的關係，這裏講的我和物實際上它是一體的，我即是物，物即是我，物和我是完全不能夠分開的。當我們進入物我一體、物我兩忘的境界的時候，我們就如同天地的主宰，就能夠令鬼神都能夠聽命於你，何況一切衆生、何況萬事萬物。

邵雍先生在這裏講到「物我一體」的這個理念，實際上和佛教當中華嚴宗提出的「四無礙」法界的思想是一致的，也就是事無礙、理無礙、理事無礙、事事無礙，一切法都是一體的。怎麼樣才能夠見到一切法都是一體的？這就需要我們放下自己的妄想、分別、執着，這樣你就能夠見到萬物是一體的，你就能夠物我兩忘。

這裏面最重要的一點就是我們要無心，無心就是不起心、不動念。一旦我們有心了，也就是我們有了起心動念，那就會產生妄想、分別、執着，這個時候就把我和物分開了。

我們通過「鷗鷺忘機」這個典故就能夠說明這個道理。

在《列子》裏面有這麼一個故事：

相傳很久以前，海邊住着一個漁夫，漁夫每天打漁過生活。有時候漁夫滿載而歸，他就會把船艙裏的小魚撿出來放在船頭，任空中的海鷗來啄食，久而久之，他跟這些海鷗就有了感情，這些海鷗有時會落在他身上，拍着翅膀鳴叫。漁夫的父親聽說兒子跟海鷗玩得很好，這些海鷗都不怕他，他就跟兒子講：「聽說你跟那些海鷗很親近，你能不能夠想辦法捉兩隻帶回家給我玩一玩？」漁夫一開始拒絕了父親的要求，但是他經不住父親的再三要求，最後只好答應下來了。

第二天漁夫出海的時候，那些海鷗彷彿是通人性一樣的，就知道了他的想法，所以就只在他頭上盤旋，沒有一隻海鷗肯落到他的身邊。我們人一旦起了這個念頭，你有這個起心動念了，外在的事物就能夠感知得到。就好像漁夫動了要抓海鷗的念頭，這些海鷗都能夠感知得到，所以避開他了。

不光動物是如此，一切人、事都是如此，我們和一切人相處，我們的起心動念、我們的念頭，實際上對方都能夠感知得到。

所以說最高的境界是甚麼？就是無心，「無心」就是無我，就是自自然然的、完全的眞情的流露。這樣萬物就可以無心而致之焉。

這是講到「物我」這一節，這裏面最重要的一點就是告訴我們要無心，無心你就能夠自然和天地萬物相感通，你就能夠做到前面說的天地之道備於人，萬物之道備於身，衆妙之道備於神。

這一小節我們就學習到這裡，謝謝大家。

名實第四

我們繼續來學習《漁樵問對》。我們接下來看第四節「名實」。

> 樵者問漁者曰：「天何依？」
>
> 曰：「依乎地。」
>
> 曰：「地何附？」
>
> 曰：「附乎天。」
>
> 曰：「然則天地何依何附？」

這是講到樵夫請教漁夫：「天依靠甚麼？」

漁夫回答說：「天依靠的是地。」

樵夫又問：「地又依附着甚麼？」

漁夫又回答說：「地依附着天。」

樵夫就問道：「那麼天地之間是不是相互依靠，相互附着的？」

我們接着再來看漁夫的回答：

曰：「自相依附。天依形，地附氣。其形也有涯，其氣也無涯。有無之相生，形氣之相息。終則有始，終始之間，其天地之所存乎？

漁夫回答說：「天地是相互依靠的，天依靠的是形，地是附著於氣。形是有限的，而氣是無限的，有、無之間就能夠互相生成，形和氣就能夠相互依靠。形和氣就像人需要呼吸一樣。就像我們人，人要有軀體，軀體就是形，但是我們的軀體存活需要靠呼吸，需要氣。我們人活在世間，既離不開形，也離不開氣。」

後面說：終則有始，終始之間，其天地之所存乎？這裏講到終者有始，有終結則有開始，在終結和開始之間就是天地所存在的地方。我們人也是如此，你看我們人他要呼吸，這個呼吸有開始有終結，終結了又開始，反複在一呼一吸之間，我們的生命才能夠延續不斷。

這裏實際上就是跟我們講到一個有和無的問題，有形的跟無形的問題。像天是無形的，地是有形的，天要依靠有形的地，地要附於無形的天。就像我們這個人的身體，我們要有氣，氣從哪裏來？就從呼吸。我們講氣血的流動，你要有氣血的流動，你才能夠存活下來。但是氣血又要依靠我們的形體，它才能夠運行。我們人也是有形跟無形的共同結合，才能夠維持我們的生命。實際上世間萬物都是如此，它都有形的一面和無形的一面。

我們再來看下面的內容：

天以用為本，以體為末；地以體為本，以用為末。利用出入之謂神，名體有無之謂聖。唯神與聖，能參乎天地者也。小人則日用而不知，故有害生實喪之患也。

這是跟我們講到天是以用爲本，天是無形的，但是它是以用爲根本，以體爲之末。所以天的體是無形的，但是它的用我們能夠感受得到，就像天上出太陽、刮風、下雨，這都是天的用。地是以體爲本，以用爲末。

後面說：利用出入之謂神，利用的出入變化，這個稱之爲神。甚麼意思？我們人能夠依照天地的這種特性，依照天地的規律來行事，那麼這個人就稱爲神。名體有無之謂聖，能夠明了天地體用之間的無爲而生的道理。這樣的人叫作聖人。

唯神與聖，能參乎天地者也。只有神人和聖人能夠參乎天地，他能夠領悟天地之間的奧秘，就是我們講的見天地、見衆生、見自己。

小人則日用而不知。這裏的「小人」指的是普通人、一般的老百姓。老百姓天天在用，但是他不知道。這句話實際上源自《易經·繫辭》上說的「百姓日用而不知」，一般的百姓沒有太多的思辨能力，他時刻都在用道的法則，但是他並不了解道的規律是甚麼。因爲普通人他不了解道的規律是甚麼，所以他就會有害生實喪的憂患。甚麼叫害生實喪呢？「害」指的危害。他就會生起危害和喪失實際。

後面說：

夫名也者，實之客也；利也者，害之主也。名生於不足，利喪於有餘。害生於有餘，實喪於不足。此理之常也。

這裏面告訴我們名是實之客，名是主、實是賓，你有實自然就會有名。就好比我們一個人，你有眞實的德行，你自然就會有名。《中庸》裏面講「故大德必得其名」，你有大德，自然就會得到這個名。

後面講：利也者，害之主也。利就是危害的主要的來源，實際上就告訴我們，害從哪裏生的？就是從利而生。

後面說：名生於不足，利喪於有餘。名從哪裏產生？從不足而產生的。它是甚麼意思？就好比我們一個人，我們覺得自己德行不足，然後去積累德行，積德累功。你這樣去做，久而久之就會得到這個名，這是講到名生於不足。利喪於有餘，這是講利的喪失。利爲甚麼會喪失？我們得到利益爲甚麼會失去？就是因爲我們得到了我們不應該得的東西，我們求利求得過度了，你求過度了，反而會導致我們的利會失掉。

所以後面說：害生於有餘。危害從哪裏產生的？就是從有餘而產生的。好比我們人，我們的身體不健康，我們吃東西吃多了，營養過剩的時候，它也會導致我們的身體出現問題。就像現在很多人肥胖，他的問題就是因爲我們攝取的營養過多、營養過剩，這就是這裏說到的「有餘」。

後面說：實喪於不足。這是甚麼意思？實喪於不足，這個不足，就是說的我們的貪心，過分的貪心，最後會把我們原來就有的都喪失掉，這就是實喪於不足。

此理之常也。這些都是世間的常理。

下面說：

養身者必以利，貪夫則以身徇利，故有害生焉。立身必以名，眾人則以身徇名，故有實喪焉。

這一段意思我們不難理解。我們在這個世間生活，你要養我們這個色身，你一定要靠得到財利，你要有收入，現在講你要有工資，你要有錢財，才能夠維持我們的生活。但是我們有足夠的收入維持生活就夠了，你不能夠去貪求更多，如果你過分貪婪，爲了利去鋌而走險，就像官員爲了利去貪汙，或者商人爲了更大的利益忘記了商業風險，就會以身殉利。你會因爲過分追逐利益，把自己的身家性命都搭進去，這樣危害就產生了。

後面講，我們人在這個世間要立身於世，一定要依靠名，但是我們很多人反而是以身殉名，甚麼是以身殉名呢？就是我們爲了追求虛名，而忘記了自身的修養，最後導致失去自身。所以說故有實喪也。這個實，是我們的人身，也是我們的內在的道德修養。

後面邵雍先生再用比喻來說明這個道理：

竊人之財謂之盜。其始取之也，唯恐其不多也。及其敗露也，唯恐其多矣。

我們偷竊別人的財物，在偷竊的時候就唯恐其偷的不多，希望偷得越多越好。但是一旦偷盜的行爲敗露的時候，就唯恐其偷得多了。就如同貪官貪汙錢財，在貪汙的時候，他想貪的越多越好，一旦東窗事發，要量刑的時候，他就希望自己貪的越少越好。

後面說：

夫賄之與贓，一物也而兩名者，利與害故也。

這裏講到「賄」指的是財物；「贓」指的是贓物。實際上財物和贓物是一樣東西，因爲獲取的情況不一樣，所以就有利和害的區別。

後面說：

竊人之美謂之徼。其始取之也，唯恐其不多也。及其敗露也，唯恐其多矣。

我們竊取別人的美名，這個叫作徼。開始竊取的時候，就唯恐竊取的不多。等到這個事情敗露的時候，又唯恐自己竊取的太多。

所以後面說：

夫譽與毀，一事也而兩名者，名與實故也。

美譽和惡名，或者說讚譽和誹謗，其實它本身是一件事情，因爲得到的不一樣，所以它有兩個名稱，是因爲有名和實的區別。

後面說：

凡言朝者，萃名之所也；市者，聚利之地也。能不以爭處乎其間，雖一日九遷，一貨十倍，何害生實喪之有耶？

朝堂，這是萃名之所，是得到名的地方。你要當官，當官你就能得到大名聲。你做一個地方的省長、市長，這個地方的每一個人都知道你。這是講朝堂是萃名之所。市場、集市，這個地方是聚利之地，大家都在這裏做買賣，大家來這裏都是來求利的。無論在朝堂，還是在集市，人們追求的都是名和利。我們追求名和利，如果對於名、利我們有求取之心，在我們求取名、利的同時，實際上禍患就同時產生了。所以我們對於名和利不能夠去爭，也不能夠去求，要放下名利之心。

所以後面說：能不以爭處乎其間，雖一日九遷，一貨十倍，何害生實喪之有耶？你能夠不爭名、不逐利，你在朝堂也好，在市場也好，哪怕一天升九次，晉升九級；或者是賣一個貨物能有十倍的收益，你只要不爭，就不會有害生實喪的情形，你不會遇到災禍。

後面說：

是知爭也者，取利之端也；讓也者，趨名之本也。

由此我們就知道，爭奪是取利的開端，你要得到利，有利，那麼就會有人跟你爭。所以說利我們一定要放下，如果追逐利，你就會和人發生衝突。因此《孟子》開篇就講「何必曰利，亦有仁義而已矣。」如果人和人之間爭奪利益，就會發生衝突；國和國之間爭奪利益，就會發生戰爭。

讓也者，趨名之本也。你要想求名，讓是求名的根本，你要得到這個名，你去爭，你是爭不到的。

後面說：

利至則害生，名興則實喪。

你得到利益，實際上危險同時就產生了。我們要知道，利和害是一體兩面，利一到，害也同時就產生了，好比陰和陽，它是同時存在的。名一興起，實就喪失了。如果我們追求虛名的時候，我們內在的眞實的德行也就喪失了。

所以後面說：

利至名興，而無害生實喪之患，唯有德者能之。

這裏面就講到德的重要性。利益來了，而且聲名鵲起，在得到利和名的同時，要想沒有災患的話，只有有德行的人才能夠做到。也就是《中庸》裏面講的「大德者，必得其名，必得其位，必得其壽。」你有這個德，你才能夠得到這個利，才能得到這個名。如果你沒有實德，得到不相稱的名和利，實際上背後一定是伴隨着災禍。

所以最後說：

天依地，地附天，豈相遠哉！」

天依靠着地，地附着於天，難道它們相距很遠嗎？實際上天地是一體。

這一段就是給我們講到天地的依附，由此就引發出氣和形的概念，形和氣是相吸的。天是重氣，地是重形，所以天是以用爲本，以體爲末；地是以體爲本，以用爲末，兩者交融，由此就生出利害之別。一般人只能看到這個現象，不能夠從這個現象看到這個本質，所以一般的人只是追名逐利，不知道名利後面所伴隨的危害與災禍。我們要想得到名利而沒有災禍的話，一定要修德。怎麼樣修德呢？就是要依天地之道而行。

這是跟我們講到名實這一段。這一段我們就學習到此地。

治亂第五

我們繼續來學習《漁樵問對》。我們繼續來看第五節「治亂」，這一段主要是跟我們講社會處在治世和亂世的特點。關於這一點，實際上中國古代的聖賢典籍有很多的論述，過去我們有註釋整理過《群書治要》，後來又編纂了《群書治要續編》，這裏面都有很多關於社會治亂的論述。而且通過學習古代的經典，學習歷史，我們從中是可以發現其中的規律和特徵的。這一段可以說邵雍先生對於社會治亂的規律和特徵的一個總結，非常的準確而簡潔。

我們來看原文：

> 漁者謂樵者曰：「天下將治，則人必尚行也；天下將亂，則人必尚言也。尚行，則篤實之風行焉；尚言，則詭譎之風行焉。

漁夫和樵夫講：天下將要實現大治的時候，那麼所有的人都會崇尚實行，大家都注重實踐。有一句話講「實幹興邦，空談誤國。」我們必須努力實幹，才能夠實現治世，而且它需要的是全社會人的這種努力實踐。所以說從社會的風氣就能夠看出社會的治亂，如果這個社會大家都是崇尚實行，那麼這個社會一定能夠得到大治；如果人人都只是崇尚虛浮的言論，不注重實行，那麼天下就會大亂。

所以後面說：天下將亂，則人必尚言也。人人都崇尚言論、言說，就像在戰國時期，那個時候就有很多游說之士到列國游說，那個時候誰說話說得漂亮，就能受到君主的關注，從而位列朝堂。像歷史上的張儀、蘇秦都是這方面的代表，那個時候是亂世，所以就有很多這樣的游說之客出來，各自提出自己的主張，而不是崇尚實行。

後面邵雍先生做了一個總結：尚行，則篤實之風行焉。大家崇尚行動，崇尚實踐的話，篤實的風氣就會盛行，大家都能夠踏實地做事情。

尚言，則詭譎之風行焉。詭譎是甚麼意思？話非常地奇異、奇怪，所謂語不驚人誓不休，說出的話意思讓人琢磨不透，變化多端。社會要亂的時候，大家都會崇尚言論，每個人都會提出自己的一套主張。就像戰國時期天下大亂，那個時候所謂百家爭鳴，各種的學術都出來了，社會盛行的是詭譎的風氣。

這一段是從人們的言行來看社會的治亂。我們學習這一段之後，你就會對社會的治亂，你心裏就會有一個價值標準，你就懂得觀察社會、觀察人心，然後你就知道自己應該怎麼樣來做。

後面說：

天下將治，則人必尚義也；天下將亂，則人必尚利也。尚義，則謙讓之風行焉。尚利，則攘奪之風行焉。

這一段是從義利方面來觀察社會的治亂。天下將要大治的時候，那麼天下的百姓必然崇尚仁義、崇尚道義；天下將要大亂的時候，那麼人人都崇尚利益。我們同樣再以戰國時期作例子，我們看《孟子》，孟子去見梁惠王，梁惠王就問孟子：「叟不遠千里而來，亦將有以利吾國乎？」就是說：你老人家不遠千里來到我們國家，會給我們國家帶來甚麼樣的利益？梁惠王張口就是談利，他那個時候是一個國君，國君都如此，那天下的百姓更是如此。由此我們就不難看出，戰國時代是一個人人爭利的時代。

孟子對曰：「王何必曰利？亦有仁義而已矣。」孟子就回答梁惠王說，何必要談甚麼利益，只要有仁義就可以了。後面孟子還說了一段：王曰：「何以利吾國？」大夫曰：「何以利吾家？」士庶人曰：「何以利吾身？」上下交征利而國危矣。如果這個國王講對我們國家有甚麼利益？大夫講對我們家有甚麼利益？士庶人，就是讀書人、普通百姓，講對我個人有甚麼利益？如果上下都爭奪利益，那麼這個國家就危險了。

不僅一個國家是如此，整個世界都是如此。我們現在就能夠看到這個世界動盪不安，根源在哪裏？就是各國爭奪自己的利益。注重的不是天下所有人的利益，這就給全世界帶來動盪不安的因素。

實際上我們學習中國的經典就知道，眞正的利是甚麼？就是要大家各得其所，大家都得到該得的利益，這個社會才能夠安定，才能夠和平。安定和平，大家才能夠各得其利。《周易》上講「義者，利之和也。」利之和也，就是大家能夠各得其利，大家都能夠和諧，這就是眞正的義，而只有義才能夠帶來眞正的利。如果天下不安定，發生戰爭，實際上沒有人會得到眞正的利益，即使是戰勝的一方，也會結下深厚的仇恨，最後也會埋下災禍的因素。

所以後面說到：尙義，則謙讓之風行焉。如果大家都崇尙道義、崇尙仁義的話，人人都能夠謙讓。就像《史記》裏面講到，當初周文王做西伯侯的時候，他把他的國家治理得很好，很有威望。臨近的兩個小國，虞國和芮國，他們爲了邊界在那裏爭吵，於是想要去找西伯侯評理。結果虞國、芮國的君主，他們到了文王的境內，發現人人都是在禮讓，他們都感到不好意思，所以就回去了。由此我們就知道，人人謙讓帶來的結果是甚麼呢？就是和諧安寧。

尙利，則攘奪之風行焉。如果人人都崇尙利益，那麼大家就會互相爭奪。人和人之間有爭奪，爭奪上升到社會、國家之間，就會變成鬥爭，國與國之間從競爭就會升級到鬥爭，從鬥爭就會升級到戰爭。所以說眞正的聖賢人，他以聖賢之道治國，一定是把道義放在第一位，不會去把利益放在第一位。因爲利益是人人必爭，爭到最後就會變成衝突，變成戰爭。

這是從義和利來觀察社會的治亂，社會崇尙仁義、崇尙道義，那麼就會大治；如果社會人人都崇尙利益，這個社會就會大亂。由此我們就知道，一個社會宣揚甚麼，崇尚甚麼，對於社會風氣的影響是非常大的。

我們再看下面的內容：

三王，尚行者也；五霸，尚言者也。尚行者，必入於義也；尚言者，必入於利也。

這一段是給我們說明言、行和義、利之間的關係。「三王」指的就是夏禹、商湯、文王、武王，也就是夏、商、周這些開國的聖王，他們都是崇尚行的人。春秋五霸，一般講是齊桓公、宋襄公、晉文公、秦穆公、楚莊王，這些都是尚言的君主，爲甚麼把他們稱爲五霸？因爲他們所行的是霸道。前面的三王，他們治理天下所行的是王道。實際上這裏也就是給我們指出王道和霸道的區別，王道是尚行，霸道是尚言。

後面就進一步指出：尚行者，必入於義也。崇尚行的人一定會入到道義上來，入到仁義上來。如果是尚言的人，一定會入到利益上來，把利益放在第一位，注重自己的利益。這就是三王和五霸他的差別所在。

我們接著看後面的內容：

義利之相去，一何如是之遠耶？是知言之於口，不若行之於身。行之於身，不若盡之於心。言之於口，人得而聞之；行之於身，人得而見之；盡之於心，神得而知之。

這一段話講得非常的精彩。義利之相去，這就是告訴我們，我們選擇義，還是選擇利，這是完全不同的道路，它最後導致的結果可以說是天差地別，一條是聖賢之路，一條凡夫之路、小人之路。就像三王，我們敬仰他，把他們視爲聖賢；而五霸，雖然也成就了一些功業，但是在後人看來，他們也只是普通的凡夫而已。就像齊桓公，他雖然一匡天下，九合諸侯，但是他到晚年沒有管仲的輔佐，國家出現內亂，自己死得也很慘烈。這就是選擇義和選擇利，最後導致結果的巨大差別。

而義和利的根源又來自於人所崇尚的是言還是行。前面講了，如果一個人尙行的話，最終是入於義，他會入到仁義、道義上來。如果一個人是尙言的話，最終會入於利。

所以後面就做了一段結論：是知。由此而知道。

言之於口，不若行之於身。一個人在口頭上說得很好，如果只是用嘴說的話，你不能夠言行一致，還不如行之於身。你眞正地用身去實踐，眞正你能夠身體力行，能夠把聖賢的教誨用到自己的身上，指導自己的現實生活，這樣你就能夠得到眞實的利益。如果只是嘴上說說，你不能夠眞實地去實踐，那麼就如同說食數寶，沒有甚麼用處。

我們現在學習經典也是如此，我們講解，講解得再多；或者是我們聽經典，聽得再多，如果不能夠和自己的生活相結合，不能夠落實在實踐當中，那麼說得再多、聽得再多，它也是沒有用的，爲甚麼？它不能夠化爲行動。有一句話講「聽者能言，行者能得。」你要眞正能行，你才會有收穫。在佛教裏面有一部《普賢行願品》，爲甚麼叫行願品？你發了願你要去行，如果發了願你不去行，那就是空願。空願是沒有力量的，它是不起作用的。

後面說：行之於身，不若盡之於心。我們在日常生活中身體力行，這當然已經非常難得了，但是不如我們心心念念想到的都是義，想到的都是行。爲甚麼？是因爲我們在行的時候，可能還有行的不圓滿的時候。但是如果我們的心能夠念念都是道義，念念都是篤行，那麼你的行一定是圓滿的。

我們要知道，一切法由心想生，我們的行是由我們的心來決定的。如果我們的心念念都是義，內心全是道德仁義，它體現在行上，自然就是實行，自然就會符合道義、符合仁義。從這裏也告訴我們修身的最高境界就是修心，我們的心正，行爲自然就是正的。

後面說：言之於口，人得而聞之。你在嘴上說一說，人家能夠聽到，你講得很好，大家也會讚嘆，但是如果你能夠實行，你能夠身體力行。

行之於身，人得而見之。大家就能夠見到，不光是聽你說說，而且你能夠眞正做到。比如說我們講道德、仁義，我們嘴上說說容易，你要眞做到不容易的。說到並且做到，這才會有感染人的力量。

盡之於心，神得而知之。這裏講到的「神」可以說是鬼神，也是天地萬物。你心心念念都是仁心，自然萬物都能夠感受得到，就像我們講到的「鷗鷺忘機」的故事一樣，這個人的心一旦發生變化，萬物是能夠感知得到的，動物能感知得到。實際上不光動物能感知，植物也能感知，因爲萬物都有神，也就是我們講的神識。有一句話講萬物有靈，一切萬物都有靈知、靈覺，我們的心是甚麼樣的，萬物他能夠感受。所以這裏講盡之於心，神得而知之，神明能夠知曉。

所以說最上的法就是心法，我們的心念念是善，你以善感，萬物就以善應。在佛教經典《華嚴經》裏面，就有一首偈頌講到「若能欲了知，三世一切佛，應觀法界性，一切唯心造。」我們世間的一切諸法、一切現象通通都是我們的心所造的，我們的心能造天堂，也能造地獄。如果我們的心念念是仁，所造的就是天堂，如果我們的心念念是利，所造的就是地獄，天堂和地獄的差別就在於我們一開始是選擇道義還是選擇利益，是崇尚言，還是崇尚行。

下面說到：

人之聰明猶不可欺，況神之聰明乎？是知無愧於口，不若無愧於身；無愧於身，不若無愧於心。無口過易，無身過難；無身過易，無心過難。既無心過，何難之有！吁！安得無心過之人，與之語心哉！」

人之聰明猶不可欺。以人的聰明都不可以被欺騙，何況於神的聰明？世間一般的人，我們所說的、所做的，其實你是騙不了他的。爲甚麼？因爲人都有良知、良能，他這個心能感應，你是眞心實意，還是虛情假意，人都是能夠感知到的，你騙不了他。就像有的人，他雖然口上說的都是仁義，但是他心裏想到的都是自己的利益，這個人是能夠感受得到的。連人的聰明都能感受得到，何況於天地神明？天地神明當然自自然然看得清清楚楚，這在儒、釋、道的經典裏面都跟我們說得非常地清楚。

所以後面講到：是知無愧於口，不若無愧於身；無愧於身，不若無愧於心。「愧」是慚愧。甚麼叫作無愧於口？就是我們要對得起自己所說過的話，話不能夠亂說。不若無愧於身，「無愧於身」就是我們要對得起自己做過的事，不要愧對我們這個身。無愧於身，不若無愧於心。不要愧對自己的良心，所以說我們念念要想到對得起自己這一顆心。

有時候想起來也是感到非常慚愧，我們學習經典這麼久，實際上很多時候我們還是做不到沒有過失，所以自己都對不起自己，愧對自己；不光愧對自己，也愧對父母、愧對師長、愧對聖賢。

後面說：無口過易，無身過難。沒有口過容易，但是要想身上沒有過失，行爲上沒有過失，非常地不容易。就像我們學習經典、習講經典，要想做到沒有口過，實際上是不難的。爲甚麼？知之爲知之，不知爲不知，不知道的地方我們就不說，這樣就能夠避免自己的口過，相對來講是容易的。但是要想沒有身過，就難了。爲甚麼？你要把聖賢的教誨眞正在生活中落實、要做到，這眞的不是一件容易的事情，我們累生累劫的習氣、煩惱太重了，有的時候明明知道不應該那麼做，但是就是控制不住，這就是習氣使然、業障使然。怎麼辦？只有認眞地懺悔，只有時時刻刻地用心、用功，才能夠讓自己減少身業的過失。《十善業道經》上講「菩薩有一法，能斷一切諸惡道苦，所謂觀察善法、思惟善法、令諸善法念念不斷，是則能令諸惡永斷。」怎麼樣斷？就是我們要把善法時時刻刻放在心上，念念不斷，自然就能夠把我們的煩惱習氣斷除。

後面說：無身過易，無心過難。要想我們行爲上沒有過失，還是容易的，對比在念頭上沒有過失的話，行爲上沒有過失還是要容易一點。要想心上沒有過失，你一個邪念都不生，這是不容易的。

實在講我們的凡夫要想達到這個境界，幾乎是很難，幾乎是不可能。就像孔門裏面，我們知道顏回是孔子最讚嘆的一個弟子，孔子讚嘆他「不貳過」，不貳過簡單來講，就是同樣的錯誤他不會犯兩次。

古人還有一種講法，顏回起了一個念頭，如果他覺察到這個念頭不對，他就不會讓他付諸行動，這叫不貳過。顏回不會有身過，但是他的念頭上他還是會有不正的念頭，但他一旦覺察到自己的念頭不正，他就能夠回到正念上來，這叫不貳過，這是賢人的功夫。

能夠做到無有身過，這是賢人；能夠做到沒有心過，這是聖人。怎麼樣做到沒有心過？就是你對一切法都不起心、不動念，你要到這個境界你才能夠沒有心過，這就是聖賢、佛菩薩的境界。

後面說：既無心過，何難之有！你心上沒有過失，天下就沒有難事了，「難」也可以讀第四聲難。你心上沒有過失，你就不會經歷任何的困難了，你不會遇到任何的困境。

所以後面邵雍先生感嘆：吁！安得無心過之人，與之語心哉！去哪裏找一個沒有心過的人，和他聊天，和他去交流這種境界？

這是講到治亂這一小節，從言、行、義、利，最後談到心，實際上言、行和義、利都是由我們的心生的，我們起甚麼樣的心，就會決定了甚麼樣的果。修身最高的功夫就是讓我們的心要能夠保持清淨、保持平等、保持覺悟，讓我們的心時刻處在正念當中，你的心心念念都跟天地之道相應，都跟聖賢的教誨相應，那麼你自然就不會有任何的過失。

最後我們再跟大家分享一個小故事：

元代有一位大學者叫作許衡，許衡小時候就跟一般人不一樣。有一次他跟朋友出去玩，因爲天氣很熱，大家都口乾舌燥。忽然看到路邊有一棵梨樹，上面結滿了梨子，大家紛紛跑到梨樹上去摘梨子吃。許衡他雖然也很口渴，但是依舊不爲梨子所動，別人就問他：「你怎麼不去摘梨子吃？」

許衡講：「這個梨子不是我的，我怎麼能去亂摘。」那個人就笑他迂腐，現在是亂世，這個梨樹到底有沒有主人都很難說了，哪裏有那麼多顧忌？但是許衡正色地說道：「這個梨有沒有主人我不知道，但是我的心有主人。」在許衡看來，不屬於自己的東西，哪怕沒有人守護，我也不能夠隨便去佔有。他沒有絲毫的貪心。這就是「許衡守心」的故事。

如果對照前面的經文，許衡也可以說是做到沒有心過了，面對利益他能夠不為所動，他的這種行持可以說就是聖賢君子之法，他後來能夠成為一代大儒，就是源於他從小就有根基，在利益誘惑面前能夠心不動搖。

這一段我們就學習到此地，謝謝大家。

觀物第六

我們繼續來學習《漁樵問對》。我們來看第六節「觀物」。「觀物」說的就是觀察天地萬物。怎麼樣來觀察天地萬物？我們來看《漁樵問對》是怎麼樣說的。

漁者謂樵者曰：「子知觀天地萬物之道乎？」

漁夫對樵夫講到：「你知不知道觀察天地萬物的大道？」「道」也可以說是方法，如何觀察天地萬物？

樵者曰：「未也。願聞其方。」

樵夫回答：「我不知道，希望你來給我說說。」

需要說明的是，這裏講到的觀，觀不僅僅是看。看是用我們的眼睛，觀是用我們的心，用我們的心去感受萬物，去體會、去感知天地萬物。在佛法裏面有講到止觀的法門，這裏講到的觀，實際上跟佛教裏面講到的止觀的「觀」意思是相通的。

我們接著來看漁夫的回答;

漁者曰：「夫所以謂之觀物者，非以目觀之也；非觀之以目，而觀之以心也；非觀之以心，而觀之以理也。

這是邵雍先生來給我們解釋甚麼是觀。這裏講到觀物，觀物不是用眼睛去觀，用眼睛叫看，觀物的觀不是用眼睛去看，而是用心去觀，用我們的心去感知、去觀察。後面又進一步再說明，也不是用心去觀，而是要觀它的理。你要見到天地萬物的理。理是甚麼？在儒家沒有給我們直接說明白，但是在佛教當中就把這個理說得非常的清楚。

佛法裏面告訴我們，一切法都是因緣所生的，所謂「因緣所生法，我說即是空，亦名爲假名，亦名中道義。」這是《中論》裏面的一首偈子。在《大般若經》還講到說，「一切法，無所有，畢竟空，不可得。」這個就是理，這是佛教給我們講到的理。《心經》上講「觀自在菩薩，行深般若波羅蜜多時，照見五蘊皆空。」這裏的照見，就是《漁樵問對》這裏講到的觀，也就是以理來觀。

我們再來看後面的內容：

天下之物，莫不有理焉，莫不有性焉，莫不有命焉。

天下萬物都有它的理，水有水的理、火有火的理、木有木的理。莫不有性，萬物都有它的性，水有水性、火有火性、金有金性、木有木性、土有土性，五行金、木、水、火、土都各有其性。莫不有命焉，天下萬物都有它的命。「命」也就是我們講的變化周期，佛教裏面講到世界有成、住、壞、空，有情衆生有生、老、病、死，念頭有生、住、異、滅，這就是命。

下面繼續說道：

> 所以謂之理者，窮之而後可知也；所以謂之性者，盡之而後可知也；所以謂之命者，至之而後可知也。此三知者，天下之真知也，雖聖人無以過之也。而過之者，非所以謂之聖人也。

這裏面講到三知，就是知理、知性、知命。甚麼是理呢？所以謂之理者，窮之而後可知也。理，你要窮盡事物之理，你才能夠知。儒家講「窮理盡性」，就是這裏講的知理、知性。理怎麼樣能夠窮盡？天下萬事萬物都有這個理，理你要想窮理，就是你要懂得觀。佛法裏面，就給我們把宇宙人生的眞相說出來，其實就是窮理，窮盡了萬物之理，知道天下一切萬物都是無所有，畢竟空，不可得，這個世界都不是眞實的，都是虛妄不實的。《金剛經》上講「一切有爲法，如夢幻泡影，如露亦如電，應作如是觀。」在《華嚴經》裏面就講得更詳細了。

這裏講到萬物之理，你要窮盡之後才能夠知道。所以後來的宋儒就講格物窮理，而邵雍先生這裏告訴我們，你要懂得觀。觀，以理來觀，其實你這樣去觀，你就能夠觀到一切法都是因緣而生的。在無佛的時候，有智慧的人這麼去觀，就能夠觀到這一切法都是因緣所生，也就是佛教裏面講到的十二因緣法，你觀到緣起法你就能夠覺悟，這叫緣覺，也叫獨覺。

就像邵雍先生，從他的生平記載來看，他的智慧不是一般人，從他預測如此地精準來看，他的智慧能力已經類似具足了佛教裏面講的神通。當然他究竟是甚麼樣的境界？我們現在還是凡夫，無法測量，只有聖賢、佛菩薩才能夠完全的了知。

所以謂之性者，盡之而後可知也。甚麼叫性？你要盡性你才能夠知道。實際上這些概念，用語言文字我們要想說清楚，是很難說清楚的，你只有自己完全到那個境界，你才能夠明白。

所以謂之命者，至之而後可知也。命你要完全到那個時候，你才能夠知道。就像孔子，他五十而知天命，所以這裏講到命,至之而後可知也。你能夠窮理盡性，你自自然然就知道了。

後面講到：此三知者，天下之眞知也。「三知」就是知理、知性、知命，這是眞知。

雖聖人無以過之也。即使是聖人也沒有超過這一點。這就是說聖人的「知」也就是知理、知性、知命。

而過之者，非所以謂之聖人也。如果超過這三知，那就不是世間的聖人了。這樣的人就是超出世間的聖人，超越世間。就像佛就是超出世間的聖人的認知。佛的境界，我們學習佛法就知道，佛是超九界而獨尊，他超越羅漢、超越菩薩。羅漢的境界就是出世的聖人。阿羅漢的境界，世間的聖人都比不上。

我們再來看下面的經文：

夫鑑之所以能為明者，謂其能不隱萬物之形也；雖然鑑之能不隱萬物之形，未若水之能一萬物之形也；雖然水之能一萬物之形，又未若聖人之能一萬物情也。

夫鑑之所以能為明者。「鑑」指的是鏡子，鏡子能照，它能夠把事物照得清清楚楚、明明白白。

謂其能不隱萬物之形也。鏡子能夠不隱藏萬物的形狀，你是甚麼形狀，鏡子一照，照出來的就是甚麼樣的形狀。就像我們現在攝影、照相，你長得甚麼樣，照出來的像就是甚麼樣，它不會隱藏的。

後面說：雖然鑑之能不隱萬物之形，未若水之能一萬物之形也。雖然鏡子它能夠不隱藏萬物的形狀，但是它不像水一樣，水能夠一萬物之形也。「一」是甚麼意思呢？我們可以做「同樣」，或者「一樣」來解釋。水能夠化成跟萬物一樣的形狀，就像水流到不同的器皿裏面，它就是不同的形狀，它在方形器皿裏面就是方的，在圓形器皿裏面就是圓的，它能夠隨方就圓，這就是一萬物之形也。《道德經》裏面講到「上善若水，水利萬物而不爭，處衆人之所惡，故幾於道。」水幾乎和道接近了，因為它能夠利萬物，而不會與萬物相爭。

後面說：雖然水之能一萬物之形，又未若聖人之能一萬物情也。水雖然能夠化成萬物的形狀，但是不能夠像聖人一樣把萬物的情識統一起來。這裏講到的「一」，這就是我們講的一法。聖人之能一萬物情也，聖人能知道萬物的眞實相。

我們再看下面的內容：

> 聖人之所以能一萬物之情者，謂其聖人之能反觀也。所以謂之反觀者，不以我觀物也。不以我觀物者，以物觀物之謂也。既能以物觀物，又安有我於其間哉？是知我亦人也，人亦知我也，我與人皆物也。此所以能用天下之目為己之目，其目無所不觀矣；用天下耳為己之耳，其耳無所不聽矣；用天下之口為己之口，其口無所不言矣；用天下之心為己之心，其心無所不謀矣。

這裏跟我們講到聖人爲甚麼能夠一萬物之情。

聖人之所以能一萬物之情者，謂其聖人之能反觀也。聖人能夠反觀。甚麼叫作反觀？前面有講到，天地之道備於人、萬物之道備於身、衆妙之道備於神。我們要觀天地、觀萬物，你從哪裏觀？從自己觀就可以了，你能夠見自己，就能夠見天地，就能夠見衆生。爲甚麼？因爲我們自己跟天地、跟衆生是不二的，我們自己就是一個小宇宙，天地只是一個大宇宙。

後面邵雍先生自己進一步解釋甚麼叫反觀。所以謂之反觀者，不以我觀物也。甚麼叫作反觀呢？就是不以我自身去觀察萬物，不把我們自己跟萬物對立起來。

不以我觀物者，以物觀物也，甚麼叫以物觀物？我們觀物的時候，要以物觀物，你要跟萬物共情，這個時候我就是物，物就是我，把物當成我，把我當成物，我和物完全融爲一體，這叫以物觀物。我和物完全是一體的。

所以後面說：既能以物觀物，又安有我於其間哉？你能夠以物觀物，我就沒有了，我已經消融到物當中了。物就是我自己，我自己也就是物，這就是反觀。

後面說：是知我亦人也，人亦我也，我與人皆物也。我就是人，人也就是我，我和人通通都是物，通通都是沒有差別的，實際上這就是佛法裏面講的心、佛、衆生三無差別。

後面講到：此所以能用天下之目爲己之目，其目無所不觀矣。聖人能夠把天下的眼目當成自己的眼目，所以他就能夠無所不觀。爲甚麼？因爲他和天下人、天下物都融爲一體了。

用天下耳爲己之耳，其耳無所不聽矣。讓天下的耳都是自己的耳，所以天下耳所聽的就是自己所聽的，所以聖人就能夠無所不聽。

用天下之口爲己之口，其口無所不言矣。天下的口就是自己的口，所以他的口就無所不言。佛經上講「佛以一音演說法，衆生隨類各得解。」他就能夠無所不言。實際上這裏所講的境界，就像蘇東坡所說的「溪聲盡是廣長舌，山色無非清淨身。」山河、大地都是聖人在言說，這就是以天下之口爲己之口，其口無所不言矣。

用天下之心爲己之心，其心無所不謀矣。天下的心就是我自己的心，就是聖人之心。

所以聖人之心能夠無所不謀，他能夠知道天下萬物之情。

這裏講到聖人的境界，其實就是佛教裏面講到的見性的境界，明心見性，也就是見到自己和一切衆生都是一個性，自己和衆生完全融爲一體，完全是沒有差別。

我們再來看下面一段：

夫天下之觀，其於見也，不亦廣乎！天下之聽，其於聞也，不亦遠乎！天下之言，其於論也，不亦高乎！天下之謀，其於樂也，不亦大乎！夫其見至廣，其聞至遠，其論至高，其樂至大，能為至廣、至遠、至高、至大之事，而中無一為焉，豈不謂至神至聖者乎？非唯吾謂之至神至聖者乎，而天下謂之至神至聖者乎？非唯一時之天下謂之至神至聖者乎，而千萬世之天下謂之至神至聖者乎？過此以往，未之或知也已。」

看了這一段，我們就深刻地體會到，我們中國的文化，你如果把儒、釋、道三家都能夠貫通的話，你來讀經典，你的體會就會不一樣。就像這裏講到的聖人的境界，如果我們讀過佛經，對於這個境界你就能夠很容易理解。爲甚麼？這就是佛經裏面講到的佛菩薩的境界。

這裏說：夫天下之觀，其於見也，不亦廣乎！這一句就是接着前面講的，聖人能夠以天下之目爲己目，那麼聖人之目就能夠無所不觀，所以他能夠觀天下一切萬物。天下所有的眼睛來觀，那麼他所見到的就無比的廣大，他就能夠見到無量無邊的世界。

天下之聽，其於聞也，不亦遠乎！這就是前面講的聖人用天下耳爲己之耳，其耳無所不聽也。天下的耳都來聽，他所聽聞的可以說是無論多遠他都能聽到。要知道我們一個人的耳所能聽的是有限的，只能夠聽到一定距離的音聲，過遠的距離，我們就聽不到了。如果是天下的耳朵來聽，所有的聲音都能夠聽到。實際上這就是佛教裏面講的天耳通。前面講到的以天下人之眼來觀，也就是佛法裏面講到的天眼通。

後面說：天下之言，其於論也，不亦高乎！這對應的是前面說的天下之口爲己之口，其口無所不言也。聖人以天下之口爲己之口，那麼聖人的言論就是天下最爲高深的。

後面說：天下之謀，其於樂也，不亦大乎！用天下之心爲己之心，那麼其心就無所不謀。聖人用天下人的心來謀劃，那麼他的謀劃自然就是圓滿的，不會有任何的過失，所以就一定會帶來安樂的結果。所以說不亦大乎，聖人的謀劃那就大到極點了。

後面說：夫其見至廣，其聞至遠，其論至高，其樂至大。這就是講聖人的所見是最廣的，聖人的所聞是最遠的，聖人的言論是最高深的，聖人所得的樂是最大的。

後面講：能爲至廣、至遠、至高、至大之事。這是講聖人能夠爲至廣、至遠、至高、至大的事情。

而中無一爲焉，豈不謂至神至聖者乎？聖人能夠爲至廣、至遠、至高、至大的事情，但是他在這個過程當中又無所作爲，也就是我們講的無爲，無爲而無不爲。聖人在這個過程中他實際上自己沒有起心動念，這叫無爲。這可以說就是至神至聖的人。

所以後面說：非唯吾謂之至神至聖者乎。不只是我把他稱爲至神至聖的人。

而天下謂之至神至聖者乎？全天下人都會稱他爲是至神至聖的人。

非唯一時之天下謂之至神至聖者乎。不僅是在一個時期，全天下的人都把他稱爲至神至聖的人。

而千萬世之天下謂之至神至聖者乎？千秋萬代、千世萬世的人都會把他稱爲至神至聖者。就像孔子，千秋百世我們都稱他爲聖人，就像佛，無論過去、現在、未來，一切衆生都稱他爲佛。也就是說，這裏講的至神至聖者，就是儒家講的聖人，佛教講的佛，道教講的眞人。

後面說：過此以往，未之或知也已。「過此以往，未之或知」，這是引用《周易·繫辭下》的話，再超過這個境界，或者說在這個境界之上的，那就不是我所能夠知道的了。

這一段我們就學習到此地，謝謝大家。

人天第七

我們繼續來學習《漁樵問對》。我們再來看第七節「人天」。這一段實際上主要談到四個問題，我們先來看第一個問題，關於釣魚的問題。

> 樵者問漁者曰：「子以何道而得魚？」

樵夫就問漁夫：「你是用甚麼方法釣到魚的？」

漁夫回答說：

> 曰：「吾以六物具而得魚。」

漁夫講到：我要具足六個工具，然後才能釣到魚。

後面樵夫說：

> 曰：「六物具也，豈由天乎？」

樵夫講到：「是不是具足六個工具就能夠釣到魚呢？具足六

個工具，就能釣到魚，是不是天意就是這麼安排的？」

我們來看漁夫的回答：

> 曰：「具六物而得魚者，人也。具六物而所以得魚者，非人也。」

漁夫回答說：「具備六物，具足六種工具而能夠得到魚，這是人力所爲。具六物而所以得魚者，具足六個工具而能夠釣得魚的原因，這就不是人力所爲了。」漁夫之所以能釣到魚，這裏面有人力的成分，也有天意的成分。

> 樵者未達，請問其方。

對於漁夫所說的這一段話，樵夫還沒有完全明白，他就進一步再請教漁夫。

我們來看漁夫是怎麼回答的：

> 漁者曰：「六物者，竿也，綸也，浮也，沉也，鉤也，餌也。一不具，則魚不可得。然而六物具而不得魚者，非人也。六物具而不得魚者有焉，未有六物不具而得魚者也。是知具六物者，人也。得魚與不得魚，天也。六物不具而不得魚者，非天也，人也。」

我們先來看這一段文的意思。漁夫講到：釣魚要具足六個工具，哪六個工具呢？首先是竿也，也就是魚竿；綸也，綸也就是釣魚的線；浮也，就是魚漂；沉也，就是魚墜；鈎也，就是魚鈎；餌也，就是魚餌。你必須要具足六個工具，你才能夠釣到魚。如果這六個工具當中少了其中任何一個，那麼你是不可能釣到魚的。

但是也有這個情況，你有六個工具，你釣魚的工具很齊全，但是你還釣不到魚。還釣不到魚，這就不是人力的因素了，這就不是主觀的因素，而是外在客觀的因素。

後面漁夫講：六物具而不得魚者有焉。這六種工具都具足，還釣不到魚，這種情況是有的。

未有六物不具而得魚者也。如果六個工具你都沒有，你要想釣到魚，這是完全不可能的事。

所以後面說：是知具六物者，人也。具足釣魚的六個工具，這是人事，這個是主觀因素。

得魚與不得魚，天也。能不能釣到魚，就是天意。

六物不具而不得魚者。如果你沒有釣魚的工具，這六種工具你都沒有的話，你釣不到魚。

非天也，人也。這就不是天意了，而是我們人力的不足。

這一段關於釣魚的問答，這個意思不難理解，實際上這裏面就體現了佛教裏面講到的因緣法。我們要成就一個事情，要有因、有緣，「因」可以說是內在的，「緣」就是外在的。比如說我們釣魚，內在的因素是甚麼呢？你要具足這六個工具；外在的因素是甚麼？必須要有魚來咬你的魚餌，這就不是我們人力所能決定的。再厲害的釣魚高手，他也不能夠決定魚一定會去咬他的鈎。所以說我們做任何事情，我們在因上要努力，果上就要隨緣。在儒家來講，就是盡人事，聽天命。

通過這一問一答，我們就要體會到，我們做任何事情，我們自己能夠掌握的就是主觀因素，我們好好地修善因，至於會遇到甚麼樣的緣，這就不是我們能夠掌握的了，只能夠隨緣。所以佛教裏面講隨緣，不講隨因，因我們自己要修，要好好地修善因，善因遇到善緣，就能夠成就善果。

我們修善因，暫時沒有遇到緣，也沒有關係，你只要修因，等到機緣成熟的時候，因緣和合，那麼就能夠成就善果。如果你沒有修善因，這個緣出現的時候，你沒有準備，那麼也不能夠成就善果。所以古人告訴我們，但問耕耘，莫問收穫。耕耘這是我們份內的事。我們種下一顆種子，我們好好地施肥、灌溉、除草，我們這麼去努力，那麼至於能不能得到好的收成，這得看天意。如果遇到不好的年景，遇到水災、火災，我們的付出也有可能甚麼也得不到，但是我們還是要努力地去做。爲甚麼？因爲外在的緣不是我們能夠掌握的。我們能夠掌握的就是好好地修因，這就是我們常講的「因上努力，果上隨緣」，也就是儒家所說的「盡人事，聽天命」。

我們再來看下面一個問答：

樵者曰：「人有禱鬼神而求福者，福可禱而求耶？求之而可得耶？敢問其所以。」

樵夫又繼續問漁夫說到：有的人向鬼神祈禱，以求得福祉。到底通過祈禱能不能得到福呢？我們向鬼神祈求就能得到福嗎？希望你來講講其中的道理。

我們來看漁夫是怎麼回答的：

曰：「語善惡者，人也。福禍者，天也。天道福善而禍淫，鬼神豈能違天乎？自作之咎，固難逃已；天降之災，禳之奚益？修德積善，君子常分。安有餘事於其間哉！」

這一段告訴我們如何正確地看待祈福的事情。我們中國人都非常喜歡到寺廟、道觀去祈福，向這些神明、菩薩、鬼神祈福，到底能不能求得福呢？這一點我們大家一定要明白，這個非常的重要，因爲我們一般人都希望能夠得福遠禍，怎麼樣才能得福遠禍？不是說我們向鬼神祈福你就能得到福報。

我們看漁夫回答說：語善惡者，人也。這個事情是善、是惡，這是我們人給它做了定義，造善、造惡，是由人決定的。

福禍者，天也。降福、降禍是由天來決定的。行善、行惡是由我們人自己來決定的。

後面說：天道福善而禍淫。天道的規律是福佑善良的人，禍害奸邪之人。

鬼神豈能違天乎？難道鬼神就能夠違逆天道嗎？鬼神也不

能夠違逆天道，不能夠違逆自然的法則。

後面說：自作之咎，固難逃已。我們自己造作過失，給自己帶來災害，本身就是難以逃避的，你去祈禱也沒有用。

所以後面說：天降之災，禳之奚益？上天給你降下的災禍，你去祈禱有甚麼用？我們要知道，災禍不是鬼神強加給你的，是我們自己行為有缺失，我們造作惡行感得的災禍。雖然說我們感覺災禍是上天降下來的，但它的本質是我們自己感召來的。所以道家的《太上感應篇》裏面就講「禍福無門，唯人自召。」禍福本來沒有門路的，都是我們自己感召而來的。儒、釋、道三教都是告訴我們這樣一個道理。

後面說：修德積善，君子常分。安有餘事於其間哉！我們一個人修德積善，這是一個君子的本分，本來我們就應該這樣，不是說為了求得福，我們才積德、才行善，積德、行善是君子本來就應該這麼做的。安有餘事於其間哉！哪裏還有其他的別的事情在其中。一個眞正的君子，他既不會去祈福，也不會去祈求災禍免掉。眞正的君子無論遇到甚麼樣的境界，他都能夠坦然處之，在順境當中他能夠不生驕慢，在逆境當中他能夠不生嗔恨，時時刻刻保持自己的本分。

我們再來看後面的內容：

樵者曰：「有為善而遇禍，有為惡而獲福者，何也？」

這個問題我想我們很多人也會有疑問。世間有的人一輩子行善，結果他遇到災禍；有的人作惡多端，但是他福報還很大，這究竟是甚麼樣的原因？從佛教的三世因果來說就能夠說得很明白。因爲一個人做善，他之所以沒有得到善報，是因爲他過去造作的惡，惡果他還沒有受完。一個人造惡他還能夠有福，不是因爲他造惡會得福，而是因爲他過去修了善，他有福還沒有享完，等到他福享盡的時候，他的惡報就會現前。所以有一副對聯就講到「行善不昌，必有餘殃，殃盡必昌；作惡不殃，必有餘昌，昌盡必殃。」這就很好地給我們解釋了爲甚麼爲善而遇禍、爲惡而獲福？這是講到這個問題，我們從儒家和佛家的道理來給大家作一個說明。

我們繼續再來看漁夫他是怎麼樣回答的，實際上這樣的問題我們可以從各個角度來回答。

> 漁者曰：「有幸與不幸也。幸不幸。命也；當不當，分也。一命一分，人其逃乎？」

對於這個問題，我們看到邵雍先生有他自己的解讀。他講這是因爲人有幸運和不幸運的區分，幸運和不幸運這是一個人的命。當然，我們從佛教來看，就知道一個人他這一生幸運，他的運很好，那是他過去生中造作了善所得的福；一個人不幸，實際上是他過去造作的惡所感得的惡果。這就是一個人的命，命可以說是與生俱來的，但是這個命能不能改變呢？實際上也是可以改變的。明代袁了凡所作的《了凡四訓》，就是一部改命的寶典。如果大家想要了解這方面的道理，可以好好地學習《了凡四訓》。

後面說：當不當，分也。一個人要不要積德行善，這是一個人的做人的本分。我們積德行善，不是說一定要爲了得福遠禍，而是我們做人的本分就應該如此。

後面說：一命一分，人其逃乎？人的命和人的分，對於我們每個人來講都是不能夠逃避的。

那麼究竟甚麼是命，甚麼是分？我們再來看後面漁夫跟樵夫的對話。

曰：「何謂分？何謂命？」

樵夫就問：「到底甚麼是分？甚麼是命？」

我們來看漁夫的回答：

曰：「小人之遇福，非分也，有命也；當禍，分也，非命也。君子之遇禍，非分也，有命也；當福，分也，非命也。」

小人他遇到福分，這不是他的本分，他得到的這個福，不是他本來應該得的，而是他有這個命，他有這個好命。這個好命是怎麼來的？實際上是因爲過去生中他修積福報，所以他有好命。

後面說：當禍，分也。小人遇到災禍，這是他本來就應該得的。非命也。這不是他命裏面有的，是因爲他造作惡行，所以自然就會遇到災禍。

後面說：君子之遇禍，非分也。君子遇到災禍，不是他的本分，不是他現在應該遇到的。有命也。這是因爲他的命就如此，這是因爲他過去生中造作了惡因，所以這一生的果成熟了，所以他就會遇到災禍，而不是他現在的行爲會導致這樣的結果。

當福，分也，非命也。君子他能夠積德行善，他自然就能夠得福，這是他的分，而不是他命裏面就如此。

這是跟我們講到命和分的關係。

講到這裏，我們再跟大家分享一個故事。當然，這個是一個民間傳說，但是其中的道理可以給我們很多的啓發。

在北宋時期，有一個村子裡住了一個十幾歲的孩子，這個孩子父母雙亡，他的腿有殘疾，這個孩子能夠活下來，完全靠的是鄰居的施捨。村子前面有一條河，村裏的人要外出非常地不方便，尤其是老人、小孩，要過河都非常不方便。而且這條河每年都漲水，一到漲水的時候更是無法通行，但是沒有人想到要在河上架一座橋，因爲架一座橋實在是太費時、費力了。所以中國古代，把修橋鋪路作爲一個非常大的慈善的事情。

小孩雖然無父無母，而且是一個殘疾人，但是他每天在河邊撿石頭，每天就把這個石頭堆在那裏。大家看到之後就問他：「你爲甚麼要在這裏撿石頭？」這個孩子就說到：「我想要修一座石橋，讓大家將來過河就更加方便，不用涉水而過了。」

這些村民聽了他說的話，都不把他當一回事，而且嘲笑他。但是這個孩子還是一天一天地努力，這樣石頭慢慢就堆成了一座小山。大家都被小孩的精神所感動，於是大家也一起來建石橋。

結果在建橋的過程中，在鑿石頭的時候，有一次石子就砸到了孩子的眼睛，這個孩子雙眼由此就失明了。當時的村民都怪老天不公，這個孩子已經很可憐了，而且他一心爲大家修建石橋，結果卻遇到這樣的報應。

雖然在建石橋的過程中，孩子雙眼失明了，但是他一點都沒有怨言，傷勢好了之後，他又到造橋的隊伍當中，幫大家乾一點力所能及的事情。在大家共同的努力下，最後橋終於修好了，雙腿殘疾、眼睛失明的孩子也非常地高興。但是就在這一天，這個地方突然下起了暴雨，電閃雷鳴，大家都跑去躲雨，因爲這個孩子是殘疾，眼睛又看不見，所以就沒法跑。等到雷聲過後，大家再來看的時候，發現這個孩子已經被雷擊中倒地身亡了。當時在場的村民都感嘆：這個孩子心地這樣的善良，爲甚麼不得好報？

就在這個時候，當時的包青天包拯大人從村子路過，這些百姓就把包拯攔下來，給孩子鳴不平。包拯知道這個事情之後，就寫了六個字，說「寧行惡，勿行善」，爲甚麼？因爲包拯聽了這個事情，覺得這個孩子行善不得好報，心裏面也非常地憤恨不平。

後來包拯回到京城，他也反複地思考這件事情。有一天皇上就讓包拯進宮。爲甚麼讓他進宮？就是因爲皇上在前兩天得了一位龍子，皇帝又生了一個皇子，很高興，就讓包拯也來看這個孩子。於是包拯就仔細看這個孩子，他後來發現孩子的小手上有一個胎記，而且有六個字，這六個字正是他所寫的「寧行惡，勿行善」。包拯看了之後就大吃一驚，趕緊拿手去擦，結果小皇子手上的字瞬間就沒有了。

包拯不知道的是，他看到的小皇子手上的這個字，在他眼裏面是字，但是在別人眼裏面其實是一個胎記，其他的人都看不到那六個字。結果皇帝見到皇子手上的胎記被包拯這麼一抹就抹掉了，就以爲皇子的福根被包拯抹去了。包拯連忙跪下來說：「臣罪該萬死！」然後就把自己所提的這六個字的來龍去脈說了一遍。

到了這一天晚上，包拯做了一個夢，夢裏面有一個神仙告訴他，這個孩子因爲他前世作惡多端，罪業非常大，爲了還淸罪債，他要經歷三世惡報才能夠還淸。原本孩子第一世他是一個殘疾人，而且是孤苦伶仃地過完他的一生；第二世會雙眼瞎掉，過完他的一生；第三世會遭雷擊，暴屍荒野。但是由於孩子一心向善，一直做好事，結果他在一世當中就了卻了他三世的罪業。因爲他這一生能夠積善、積德，所以他有很大的福報，因此就生到皇宮當中做了皇子。

通過這個故事，我想我們對前面禍福、命和分的道理就能夠進一步地明白，由此我們就能夠安心地、好好地積德行善。要知道世間的萬事萬物都逃離不了因果的法則，我們好好地種善因，只要因種下，等到緣成熟的時候，因緣和合就一定能結出善果。就像我們在世間種植農作物，有的作物當年種，當年就有收成，就像我們種瓜一樣，當年種，當年就能夠吃到果實；有的農作物它要今年種，第二年才能夠有收成，這就好比我們今生行善，要等到來生才能夠得到善果；還有的作物，比如說我們種樹、種水果，有的水果樹要長很多年才能夠結果，這就好比我們積德行善，我們要甚麼時候才能得到這個善報？要過很多生，要多生多劫，善果才能夠成就。但是我們不能夠因爲善果當下不能夠呈現，我們就不去積德行善。實際上我們積德行善是我們的本分，我們每個人本來就應該這樣做。

這一段我們就學習到此地，謝謝大家。

義利第八

我們繼續來學習《漁樵問對》。接下來我們來看第八節「義利」，這一段跟我們說到利害對人的影響，有的時候在利益面前，甚至於父子這種天性，都會因利害而被剝奪。其內容的重點是告訴我們，要把利害得失看輕、看淡，要守住道德和道義。

我們來看原文：

漁者謂樵者曰：「人之所謂親，莫如父子也；人之所謂疏，莫如路人也。利害在心，則父子過路人遠矣。父子之道，天性也。利害猶或奪之，況非天性者乎？

這是給我們講到利害對人性的影響。

漁夫對樵夫講：人和人之間，關係最親近的莫過於父親和兒子；人跟人的關係最疏遠的，莫過於彼此不認識的陌生的路人。如果我們把利害得失放在心上，時時刻刻想到的只是利與害，那麼父子之間就會變得像路人一樣疏遠。

我們看到在歷史上，在現實生活當中，因為利益衝突，父子成仇、父子反目，甚至於父子相殺的這種人倫慘劇都有發生，原因就是因爲利益的問題。如果我們把利益看得很重，把利害得失時時放在心上，那麼父子之間的這種關係，甚至於會比陌生的路人更加疏遠。

父子之道，天性也。在人倫關係中，父子關係是天然的，包括兄弟關係，也是天然的親情。父子有親這是天性，但是這種天性在利害面前，甚至於都會受到影響。

利害猶或奪之，況非天性者乎？父子有親這是天性，但是如果我們一旦有了利害之心，利害之心就會把我們這種天性奪走，何況其他更不是出自於天性的東西。

所以後面說到：

夫利害之移人，如是之深也，可不慎乎？

利害之心會對我們的人帶來這麼大的改變，怎麼能夠不謹慎地對待？我們對待利害得失一定要慎之又慎。

後面講：路人之相逢則過之，固無相害之心焉，無利害在前故也。路人之間互相過路，彼此之間擦肩而過，都沒有相害之心，你沒有想要過去害他。爲甚麼？因爲你們之間沒有利害的關係。如果有利害關係，那麼人跟人之間可能就會有防備，也有可能會去謀害對方。

後面講：有利害在前，則路人與父子又奚擇焉？一旦發生利害衝突，不管是路人還是父子，又有甚麼可以選擇的？人跟人之間一旦發生利害衝突的時候，不管是路人還是父子，實際上都是沒有不同的。普通的人都是把自己的利益放在第一位，不管這個人是陌生的路人，還是和自己有父子之情。在歷史上那些人倫慘劇，就是因爲有利害的衝突，所以才會發生。

後面講：路人之能相交以義，又何況父子之親乎！即使是陌生的路人，我們也是可以和他以道義而相交的，可以成爲朋友。我想每個人在生活當中或許都會有這樣的經歷，和路過的陌生人彼此相交成爲朋友。比如說在火車上、在飛機上，遇到路人，大家一起交流聊天，聊得很投緣的就會成爲朋友。這個在現實生活當中應該說並不少見。

又何況父子之親乎！陌生的路人，我們以道義相交都能夠成爲好朋友，何況是有父子之間這樣親密的關係？

實際上這一段就是告訴我們，我們跟人交往要以道義來相交，不能夠以利益來相交。古人講「以利交者，利盡則交疏。」兩個人是以利益關係結交的話，這個利益關係一旦沒有了，利益關係盡了，那就會疏遠。「以道交者，天荒而地老。」如果是以道義相交，這個感情就會穩固，會一直到天荒地老。

我們再來看下面的內容：

夫義者，讓之本也；利者，爭之端也。讓則有仁，爭則有害。

夫義者，讓之本也。義，可以說是仁義、道義，它是禮讓的根本。

利者，爭之端也。利益是各種爭奪的發端，人和人相處當中如果有利益，就會有競爭，競爭往上就會變成鬥爭，鬥爭往上就會變成戰爭。人和人是如此，國和國也是如此，一個團體跟一個團體、一個民族和一個民族，都是如此，世間的衝突、矛盾，就是這樣演化而來的。只要人人爭利，這個世間的衝突就不會停止。

所以後面得出一個結論：讓則有仁，爭則有害。能夠禮讓，那麼就能夠得到仁義；人人都讓，這個世界就會充滿仁愛。如果人人相爭，這個世界就會有危害，從競爭就會變成鬥爭，從鬥爭就會變成戰爭。今天的世界，戰爭如果再升級，就會變成了核大戰，地球就會毀滅，這個結果是不敢想象的。

後面說：

仁與害，何相去之遠也！

仁義和危害兩者之間相距太遠了。它產生的緣由就是一個是讓，一個是爭。

後面說：

堯、舜亦人也，桀、紂亦人也，人與人同，而仁與害異爾。

堯、舜是人，夏桀、商紂這些暴君同樣是人，人跟人都是相同的，但是他們心中的仁愛之心和爭利之心是不同的。仁愛會成就聖德，成就聖人；爭利之心最終會導致自己身滅國亡。

後面說：

> 仁因義而起，害因利而生。

仁德怎麼來的呢？就是因爲我們遵從道義，所以就能夠興起仁德。害因利而生，危害怎麼來的？就是因爲爭利，你一爭利，各種危害就產生了。今天世界動盪不安，根源就在於大家都爭利，有各種各樣的爭端，就會產生衝突，產生矛盾，矛盾升級就會變成鬥爭、戰爭。

> 利不以義，則臣弑其君者有焉，子弑其父者有焉。豈若路人之相逢，一目而交袂於中逵者哉！」

這裏面給我們講的很重要一點，我們取利，要把道義放在前面。

利不以義，你得到的利益，如果不是由道義而得來的，那麼就會發生臣弑君的事情。在歷史上臣弑君的現象不少，尤其是在春秋戰國時期，這樣的事情屢屢發生。這是因爲那個時候道德、仁義沒有了。在亂世的時候，像五代、十國，這樣的情況也是非常非常的多，不僅會發生臣弑君的現象，而且還會有子弑父的事情，在五代十國，你看朱溫的家族就是如此，這些都是人倫慘劇。根源就是大家爭奪利益，而且完全拋棄了道德仁義。

所以《易經》裏面講「義者，利之和也。」甚麼叫義？讓大家都能夠得利，大家都能夠和諧共處，每個人都得到他應該得的部分。如果發生前面說的臣弒君、子弒父的悲劇，那麼君臣、父子還不如在路上擦肩而過，只是一目相交的人而已。

這一段是跟我們說明利害對於人性的影響。如果人人追逐利，那麼人倫道德就會不復存在。所以邵雍先生告訴我們，我們取利要以義取利，你要得到的利益是不是符合道義？如果不符合道義，這樣的利是決定了不能夠取的。

所以孔子講「不義而富且貴，於我於浮雲」，通過不義的手段得到財富和地位，對我來講就像天邊的浮雲一樣，它是虛無縹緲的，是絕對不可得的。這就是告訴我們在取利的時候，一定要把道義放在第一位。

這一段我們就學習到此地，謝謝大家。

力分第九

我們繼續來學習《漁樵問對》。我們接著來看第九小節「力分」，這一段就是告訴我們做甚麼事情，一定要量力而行，不要做超過自己能力範圍的事情。

我們來看原文：

> 樵者謂漁者曰：「吾嘗負薪矣，舉百斤而無傷吾之身，加十斤則遂傷吾之身。敢問何故？」

我在小時候也去砍過柴，砍柴的時候要把柴綑起來背回家。背回家的時候，柴太重了，我就背不了。有的時候我砍好之後就請父母來背，或者是自己紮成小綑小綑的，把柴背回家。這是因爲我們每個人背柴的力量都是有限的，你只能背五十斤，如果背六十斤你就背不了，會壓垮自己。我砍柴的那個時候自己還是一個小學生。

這裏樵夫對漁夫講：「我曾經在山裏面砍柴、背柴回家，我背百斤的柴不會傷自己的身子，如果加十斤，背一百一十斤，就會對我的身體造成傷害，這是爲甚麼？」其實這個道理我們現在不難明白，因爲砍柴自己能背多少重量，這是我們自己很容易知道的事情。但是在現實生活中，我們很多人往往做事是不量力而行的。比如說有的時候我們做生意，自己沒有這麼多資本的時候，向銀行借貸，甚至於借高利貸，一旦生意虧了之後，最後借貸的錢也還不上，本來自己可以過一個安定的生活，結果就變成了一個高負債的人。這種情況在現實生活當中常常發生，原因就在於我們做事情不能夠量力而行，貪心太大。

下面說：

漁者曰：樵則吾不知之矣。以吾之事觀之，則易地皆然。

漁夫講：「砍柴、背柴的事我不知道，但是以我釣魚的事來觀察，換一種情形應該道理也是一樣的。」

接下來漁夫就說：

吾嘗釣而得大魚，與吾交戰。欲棄之，則不能捨；欲取之，則未能勝。終日而後獲，幾有沒溺之患矣。

漁夫講了他自己的經歷：「我曾經有一次釣到一條大魚，這條大魚跟我在交戰，想要掙脫魚鈎，我想要把這條大魚釣起來。我本來想放棄了，但是又捨不得這條大魚；我想要取這條大魚，把這條大魚拉上岸來，但是又拉不上來。一直費了一整天的勁，最後才獲得這條大魚，差一點就被魚拖到水裏淹死了。」

非直有身傷之患耶！

如果被這大魚拖到水裏，那就不只是身體上的傷害，命都沒有了。

後面漁夫說：

魚與薪則異也，其貪而為傷則一也。

魚跟柴是不同的事物，但是如果我們貪多，給我們帶來的傷害實際上是同樣的。

百斤力，分之內者也；十斤力，分之外者也。

我們能夠擔一百斤的柴，這是我們能力分內的事情。如果再加十斤，這十斤就是我們的能力範圍之外的了。能力範圍之外，不是說加十斤，哪怕加一斤也不行。

所以後面漁夫說：

力分之外，雖一毫猶且為害，而況十斤乎！

在我們能力範圍之外的，哪怕是一絲毫，都會給我們帶來傷害，何況再加十斤？

吾之貪魚，亦何以異子之貪薪乎！

我釣魚的時候，貪得大魚；跟你砍柴的時候，想砍更多的柴，這個貪心實際上是沒有差別的。

樵者嘆曰：「吾而今而後，知量力而動者，智矣哉！」

樵夫說到：「從今以後，我知道自己要量力而行，應該衡量自己的能力，再採取行動，這才是智慧的選擇。」

這一段給我們講的道理，好像覺得沒有甚麼深奧的。實際上我們很多人在處理各種事情的時候，不見得就具足這種智慧。這裏雖然跟我們講的是要量力而行，實際上是勸告我們不要貪多，不能夠負重前行。我們負重，如果是在能力範圍內，不會傷我們自己；如果超過我們的能力範圍，就會給我們帶來傷害。不僅釣魚是如此，砍柴是如此，我們在生活的方方面面都是如此。

孔子在《易經》的《繫辭傳》裏面說了一段話：「子曰：德薄而位尊，智小而謀大，力少而任重，鮮不及矣。」一個人德行淺薄，但是處在尊貴的位置；智慧狹小而謀取很大的事情；力量弱小，但是擔當了重任。如果處在這三種情況之下，任何一種情況都會給我們帶來災禍。

所以說我們在生活當中，各個方面不能夠貪多，要懂得少慾知足，這才是大智慧。無論是做官、經商、工作、生活都是如此。

在這裏我們再跟大家分享一個故事。在佛經上講到這麼一個故事：

過去有一位頂生王，他以正法治理國家，結果周邊很多的國家都歸附於他。他擁有了很多世間罕見的寶物，於是他就逐漸地傲慢起來了，不滿足於現有的國土。他心裏面就想：「其他國家的百姓都缺衣少食，如果我能得到這些國土，那不是很好嗎？」於是他就征服了四方所有的國家，因爲百姓也知道他是一位賢明的君主，大家也都樂意臣服於他。沒過幾年，天下所有的百姓都豐衣足食，安居樂業。再後來，他就擁有了整個四天下所有的土地和人民。

他的這些慾望得到滿足之後，他又下令徵召美女，把各國的美女都徵到自己的後宮。不僅如此，他還把各國的國王處死，讓他們的王後也到他的王宮裏面。頂生王想：所有的土地、人民都歸我所有了，而且天下的美女也都進了我的王宮，這個世界沒有甚麼東西更值得我追求了，我應該到天上去享樂。

因爲頂生王他是轉輪聖王，他有七寶，他就乘着他的金輪，帶着他的軍隊到了天上。因爲他是轉輪聖王，天帝對他很敬重，分了他半個座位。頂生王見到天宮，都是用寶物建造成的，比自己人間的宮殿可以說是要殊勝百千萬倍；天上的仙女，比他宮中的這些宮女也漂亮百千萬倍。他心想：如果天帝死了，我就可以取代他的地位，像治理地上那樣來治理天上該多好。

結果頂生王因爲他這一念惡念，就被天帝遣回人間。到人間之後，他還得了不治之症，很快就去世了。於是頂生王在臨終之前，就告誡他的孩子：「貪念是燒身之火，千萬不能夠生起貪心。」

《漁樵問對》這一段文字，雖然是教我們要量力而行，其實也是從一個方面勸誡我們，不能夠貪多。

這一段我們就學習到此地，謝謝大家。

易理第十

我們繼續來學習《漁樵問對》。接下來我們來看第十節「易理」，這一段給我們介紹的是學易的基本常識，是我們學易的基礎。邵雍夫子是易學大家，這一段也可以說體現了他的易學思想，他用極小的篇幅就把易學的基礎理論給我們說得非常的清楚、明白，不愧是一代易學大師。

我們來看原文：

> 樵者謂漁者曰：「子可謂知《易》之道矣。吾敢問『《易》有太極』，太極，何物也？」

樵夫對漁夫說：「你可以說是通曉《周易》的易理了。那麼我想請問你，『《易》有太極』，這裏面所談到的太極究竟是何物？」

我們首先給大家介紹一下《易》。《易》指的是《易經》，在上古時期《易經》有三部，夏朝的《易》叫《連山易》，商朝的《易》叫《歸藏易》，到了周朝叫作《周易》。這裏講到的《易》實際上指的就是《周易》，因爲夏朝的《易》、 商朝的《易》，也就是《連山易》《歸藏易》都沒有保留下來。我們現在學習的《易》就是《周易》。《周易》是由文王作的卦辭，後來周公又給每一爻作了爻辭，傳到孔子的時代，孔子和他的弟子們又作了「十翼」，這就是我們今天看到的《周易》。

後世的人學習《周易》，可以說沒有不師法孔子的。孔子在《周易》的《繫辭傳》裏面講到「《易》有太極，是生兩儀，兩儀生四象，四象生八卦，八卦定吉凶，吉凶生大業。」在這裏樵夫就是引用了孔子在《繫辭傳》裏面的這一句話。我們學習《易經》，太極圖可能我們大家都見過，太極圖就是一個陰魚，一個陽魚，這個圖相傳是陳摶老祖流傳下來的。當然這個圖只是一個示意。太極究竟是何物？我們來看邵雍夫子他是如何認爲的。

我們看後面漁夫的回答：

曰：「無為之本也。」

漁夫講到：「太極是無爲之本。」太極是無爲的本體。「太極」這個名稱是孔子在《繫辭傳》裏面定下來的。太極究竟怎麼講？如果用現在的哲學概念來講，它就是哲學裏面講的本體。本體在孔子以前，這些聖人他們也都知道，但是沒有給它定一個具體的名稱，到孔子作係辭的時候才把這個名稱定下來。

實際上這個本體，在儒、釋、道三家的文化裏面，都有講到，在儒家叫太極，在道家就叫一，《道德經》裏面講「天得一以清，地得一以靈。」老子還講到，「一生二，二生三，三生萬物」。「一」如果結合《周易》來講，「一」就是太極，「二」就是陰陽，「三」就是八卦。三生萬物也就是八卦重疊變成六十四卦，它可以模擬天下的萬事萬物。如果從佛教來講，太極是甚麼？就是佛家講的自性如來藏，我們講的眞如本性。

邵雍夫子在這裏稱爲無爲之本。「無爲」就是我們講的無所作爲。他無所作爲，但是又能夠無所不爲。《道德經》裏面講到「道常無爲，而無不爲」，太極也可以用「道」來表示。這是簡單講到甚麼是太極。

下面樵夫繼續問：

曰：「『太極生兩儀』，兩儀，天地之謂乎？」

孔子在《繫辭傳》裏面講到「太極生兩儀」，樵夫就問：「兩儀指的是天和地嗎？」

我們來看漁夫的回答：

曰：「兩儀，天地之祖也，非止為天地而已也。太極分而為二，先得一為一，後得一為二，一二謂兩儀。」

漁夫回答講：「兩儀是天地的始祖，並非單獨指天和地。太極一分爲二，先分出一個一，這個是一；再分出一個一，這就是二，一和二稱爲兩儀。」邵雍夫子在這裏沒有用到陰和陽的概念，實際上兩儀指的就是陰儀和陽儀。

我們看到《周易》裏面的卦象，卦象都是由陰爻和陽爻來組成的，陽爻就是一根橫槓（——），陰爻是兩根橫槓（— —）。陽爻代表奇數，陰爻代表偶數。太極一分而爲二，爲甚麼要分爲二？它本體要起作用，起作用它就要現象。本體不起作用的時候，它是一種渾然一體的狀態，但是要起作用，它就一分爲二，也就是它要現出來一個象，實際上陰陽就是太極所現的象。就像我們現在看到的太極圖，是一個陰魚一個陽魚，兩者是一體的。

這是講到兩儀，後面《繫辭傳》裏面又講到兩儀生四象。

我們再來看樵夫的問，樵夫說：

曰：「『兩儀生四象』，四象，何物也？」

《繫辭傳》裏面講到兩儀生四象，四象究竟又是何物？

我們來看漁夫的回答：

曰：「大象謂『陰陽剛柔』。有陰陽，然後可以生天；有剛柔，然後可以生地。立功之本，於斯為極。」

邵雍夫子這裏的解讀，跟我們一般學《周易》的解讀就有一點點差別。漁夫在這裏講到：「大象指的是陰、陽、剛、柔這四象，有了陰和陽，然後才可以生出天來；有了剛和柔，然後才可以生出地來；有了天地，這才是立功的根本。而且它是最大的本源，最大的本源實際上指的就是天和地。」

對於這一段，我們可以引用邵雍夫子在《觀物內篇》當中所講的話，他講「天之大，陰陽盡之矣；地之大，剛柔盡之矣。陰陽盡而四時成焉；剛柔盡而四維成焉。夫四時四維者，天地至大之謂也。」這是邵雍夫子他把「四象」解釋成陰陽和剛柔。四象我們也可以把它稱爲少陰、少陽、老陰和老陽。因爲四象是怎麼來的？就是陽儀上面加一個陽儀，這就變成兩條陽爻，兩條陽爻加在一起陽很多，這個叫老陽，也叫太陽；如果第一次出來的是陽爻，第二次出來的是陰爻，就叫少陰；如果出來的是兩個陰爻，先出來的叫老，後出來的叫少，兩個陰爻就是老陰，也可以稱爲太陰；如果先出來的是陰爻，後出來的是陽爻，就叫少陽，這個是四象。

這個四象如果用我們一天的時間來表示就非常地形象。比如說早晨我們叫少陽；太陽到正午的時候，這叫老陽；在黃昏的時候天快黑了，這個時候陰氣開始盛了，這個叫少陰；到深夜的時候太陽完全沒有了，這個時候就叫老陰。這是講到兩儀生四象。

我們接著看下面的原文：

曰：「『四象生八卦』，八卦，何謂也？」

樵夫繼續請問：「《繫辭傳》裏面講到四象生八卦，這八卦是哪八卦？」

我們來看漁夫的回答：

曰：「謂乾、坤、離、坎、兌、艮、震、巽之謂也。疊相盛衰，終始於其間矣。因而重之，則六十四卦由是而生也，而《易》之道始備矣。」

《繫辭傳》裏面講到四象生八卦，八卦是指的哪八卦？我們學習《易經》，八卦是我們讀易卦的基礎，你要認識六十四卦，首先就是要認識八卦。八卦怎麼來的？我們要知道，就是前面我們講的四象，四象每一象是兩根爻，在兩根爻上面再加一爻，這就變成了三畫卦，八卦指的就是三畫卦。三畫卦一共有八個，也就是乾、坤、離、坎、兌、艮（gèn）、震、巽（xùn）這八個卦。

這八個卦怎麼來的？比如說老陽，在老陽上面再加一個陽爻，叫乾卦，乾卦三根爻都是陽爻，代表全部都是陽；坤卦是在老陰上面再加一根陰爻，三根爻都是陰爻，這就是坤；離卦是上面一根是陽爻，下面一根也是陽爻，中間一根是陰爻；坎卦，坎卦上面是一根陰爻，最下面也是一根陰爻，中間是一根陽爻；兌卦是最上面一根它是陰爻，下面兩根陽爻；艮卦是最上面它是一根陽爻，下面兩根是陰爻；震卦是最下面一根是陽爻，上面兩根是陰爻；巽卦它最下面一根是陰爻，上面兩根是陽爻。

在朱熹夫子的《周易本義》裏面，他有一首《八卦取象歌》，叫作：

乾三連，坤六斷；

震仰盂，艮覆碗；

離中虛，坎中滿；

兌上缺，巽下斷。

這一首歌就把八卦的卦象給我們說得很清楚，我們學《周易》，你只要把這一首歌背會，你就能夠讀《周易》的卦，這是我們學習《周易》必備的基礎常識。

八卦有盛、有衰、有終、有始。實際上八卦的變化就是陰陽的一個變化，八卦其實也代表八種事物，乾代表天，坤代表地，離代表火，坎代表水，兌代表澤，艮代表山，震代表雷，巽代表風，這實際上是代表事物之間能量的不斷轉化。

後面說：因而重之，則六十四卦由是而生也。把八卦給它重疊，也就是把兩個三化卦疊在一起，這樣一疊，八卦就可以重疊出六十四種形態，也就是六十四卦，六十四卦就把天地之道完全的包含在裏面了。

所以後面說：而《易》之道始備矣。易理就完備了。

我們要知道，最早的《周易》是沒有文字的，它只是卦象，卦辭的出現是始於周文王。卦象這裏面就代表了很深的智慧，一般的人看不懂，但是聖人他能夠看懂。到商朝末年，周文王被商紂王囚禁在羑 (yǒu) 里，他就在羑里推演《易經》，後來給六十四卦作了卦辭，《周易》就這麼傳下來的。邵雍先生他作過兩個圖，一個是八卦方位圖，還有伏羲六十四卦的方位圖，這些都是我們學習《易經》的基礎。

這裏就是漁夫給樵夫介紹《易經》的入門的基礎，從太極到兩儀，兩儀到四象，四象到八卦，八卦到六十四卦，其中的關係如果我們捋清楚了，那麼你來讀《易經》，看六十四卦，你就能夠看得明白。

當然《周易》裏面它蘊含的道理可以說是無比的深廣，真正要學《易經》，可以說你一輩子學習都學習不完，因爲《易經》所講的道理是無窮無盡的。我們看到邵雍夫子一生的主要精力就是在《易經》的學習上，在易理的研究上，有他自己獨特的心得。

接下來漁夫又給樵夫介紹了三個卦象，來說明其中的易理。爲甚麼要選擇這三個卦？實際上這裏面的用意也是非常深的。

我們接著來看後面的原文。邵雍夫子選的第一個卦就是復卦。

樵者問漁者曰：「復何以見天地之心乎？」

樵夫向漁夫問道：「爲甚麼說從地雷復卦可以見到天地之心，甚麼意思？」天地之心其實就是講到天地運行的規律、天地運行的本質，我們通過復卦你就能夠明白這個道理。有一個成語叫作一陽來復，講的就是復卦的狀態，復卦的卦象是下面一個陽爻，上面五個都是陰爻，下卦是震卦，上卦是坤卦，這個卦是從剝卦演變而來的，它體現的是剝極必復的自然規律。

我們來看邵雍夫子他是怎麼樣解讀復卦的：

曰：「先陽已盡，後陽始生，則天地始生之際，中則當日月始周之際，末則當星辰始終之際。

漁夫回答說：先陽已盡，後陽始生。甚麼叫作先陽已盡，後陽始生？先陽已盡，其實就是指的復卦前面的剝卦，剝卦是陰盛陽衰，陽氣快盡了，陽氣快盡的時候代表陰氣最盛，盛到極點。實際上陰盛到極點的時候，陽又開始生起來了，這就是後陽始生。後陽始生指的就是復卦，復卦是一陽來復。

則天地始生之際。復卦體現的就是天地始生的這種狀態。

中則當日月始周之際。運行到中間的時候，就是代表日月開始周行的時刻。

末則當星辰始終之際。運行到末尾的時候，就是星辰開始終了的時刻。

後面說：

萬物死生，寒暑代謝，晝夜遷變，非此無以見之。

天下萬事萬物死了又生，生了又死，寒往暑來，陰陽不斷的變化，晝夜的更替，如果不通過天地循環往復的規律就無法顯現出來。復卦體現的就是天地陰陽二氣循環往復的規律。

後面講：

當天地窮極之所必變，變則通，通則久。

當天地的陰陽二氣達到窮極的時候，就必然會發生變化。這個社會也是如此，社會往往也是由亂到治、由治到亂。就好比天下大亂的時候，大治的因就從這個時候生起了。爲甚麼會這樣？就是因爲事物發展到一定的程度，它就會發生變化，陰極了就會變成陽，陽極了又會變成陰，所謂的物極必反。

所以後面說變則通，通則久。有變化它才能夠通暢，通暢才能夠長久。這裏實際上也是引用《周易·繫辭》裏面的話，《繫辭》裏面講到「易，窮則變，變則通，通則久。」

後面說：

故《象》言『先王以至日閉關，商旅不行，後不省方』，順天故也。」

這裏講的象曰，「象」指的是《大象傳》，《大象傳》是孔子作的《周易》的十翼之一，是解釋每一卦的卦辭的。《周易》裏面六十四卦，每一卦孔子都做了一則《大象傳》，就是告訴我們怎麼樣取法這一卦的精神，把它落實到我們的人道當中。

復卦的《大象傳》就講到先王以至日閉關，商旅不行，後不省方。在《周易》裏面它的完整的文字是這樣的：「象曰，雷在地中，復，先王以至日閉關，商旅不行，後不省方。」復卦的卦象是震下坤上，下卦是震卦，上卦是坤卦，也就是雷在大地當中，陽氣在地下開始活動了，這個活動還非常的微弱。雖然很微弱，但是陽氣它會越來越盛，因此它就象徵着富貴。

把卦象的精神應用到人身上，就告訴我們，在陽氣剛生發的時候，我們要懂得養我們的陽氣。這個時候怎麼樣養陽氣？你要靜下來。所以古代的先王規定，在冬至日這一天要閉關，閉關就是你在家不要出去，這一天天下的城門都給它關閉了，商人、旅客都停止活動，即使是皇帝，這一天他自己也不去四方巡查。

「至日」指的就是冬至這一天，冬至這一天陰氣達到了極點，陽氣開始生發。所以孔子在作《大象傳》的時候提出來這一點。實際上通過《大象傳》我們就知道，古代的先王都是這麼規定的，在冬至這一天，大家要閉關，要停止一切的商業活動。爲甚麼要這麼做？就是養我們的陽氣。

這麼做的原因是甚麼？就是要順從天道。所以後面說：順天故也。就是要順應天時。復卦告訴我們一個很重要的道理，就是要養我們的陽氣，要順應天時，所以說復卦體現的就是天地之心。天地之心是甚麼？就是這一點點陽氣，就是這一點點的生機。我們要把生機、陽氣涵養起來，涵養起來就能夠生成萬物，這是講到復卦。

我們再來看下面一卦，下面一卦是無妄卦。

樵者謂漁者曰：「『無妄，災也』敢問何故？」

樵夫向漁夫問到：「從無妄卦可以看到一個人的災禍，請問這是甚麼原因?」成語「無妄之災」，就是從《周易》來的。

我們看漁夫的回答：

> 曰：「妄，則欺也。

「妄」字，《說文》裏面講是亂的意思。妄也代表不眞實，胡亂行事。一個人的行爲，一個人的語言不眞實，不眞實必然就會欺騙人。所以這裏說，妄，則欺也。

> 得之必有禍，斯有妄也。

你得到無妄卦，那就代表有災禍。無妄卦的卦辭講到「無妄，元亨利貞。其匪正有眚，不利有攸往。」如果你得到無妄卦的話，你不守正道，行爲不正當，輕舉妄動，那麼就會有災殃。

後面說：

> 順天而動，有禍及者，非禍也，災也。

我們的行爲能夠順天道、順天時而動，這個時候如果還遇到禍事的話，這不是禍，這是災。在這裏就把災和禍給我們做了一個區分。

邵雍夫子用比喻給我們說明：

猶農有思豐而不勤稼穡者，其荒也，不亦禍乎？

就好比一個農民，他想要得到豐收，但是自己不努力耕作，那麼他的田地就會荒蕪，這個就是禍害，這是人爲導致的。

農有勤稼穡而復敗諸水旱者，其荒也，不亦災乎？

農民努力地耕作，但是由於年景不好，田地受到水災，或者旱災的影響，而沒有收成，這就是災。所謂的天災，我們講天災人禍，災是來自於天，禍是來自於人。禍通過我們改變自己是可以避免的，而災就不在我們自己的掌控範圍之內，這就是災和禍的差別。

故《象》言『先王以茂對時，育萬物』，貴不妄也。」

這是引用無妄卦《大象傳》的象辭，「《象》曰，天下雷行，物與無妄，先王以茂對時，育萬物。」《大象傳》上講到無妄卦的卦象，它是震下乾上，震代表雷，乾代表天，好比天下有雷在運行，象徵着老天用雷的威勢警戒萬物，提醒萬物不要妄動、妄爲。看到無妄卦的卦象，先王就要順應天命，遵循天時來養育萬物。

所以後面說：貴不妄也。也就是說不要輕舉妄動，不要肆意妄爲。實際上無妄卦強調的就是我們要順天修命，要依天道而行，不能夠自己恣意妄爲，不能夠輕舉妄動，違背天地大道。這是講到無妄卦的精神。

我們再來看下面一卦姤 (gòu) 卦：

樵者問：「姤，何也？」

樵夫向漁夫請教：「姤卦講的是甚麼道理？」姤卦是《周易》裏面的第四十四卦，這一卦下卦是巽，上卦是乾。乾代表天，巽是代表風，天下有風，所以稱爲天風姤卦。姤卦的卦象和前面的復卦是完全相反的，復卦是一個陽爻，五個陰爻；姤卦是一個陰爻，五個陽爻。復卦是代表陽氣剛剛生起，姤卦是代表陰氣剛剛生起。

我們來看邵雍夫子的解讀：

曰：「姤，遇也。柔遇剛也，與夬正反。夬始逼壯，姤始遇壯，陰始遇陽，故稱姤焉。觀其姤，天地之心亦可見矣。聖人以德化，及此罔有不昌。故《象》言『后以施命告四方』，『履霜』之慎，其在此也。」

「姤」就是相遇的意思，代表陰陽相遇。所以原文裏面說，姤，遇也。

柔遇剛也。陰柔遇到剛強。姤卦是一柔遇到五剛，也就是一根陰爻，五根陽爻。姤卦的卦象跟夬卦正好相反，夬（guài）卦是《周易》裏面的第四十三卦，在姤卦之前。夬卦下面是五根陽爻，上面是一根陰爻。

後面說：夬始逼壯。夬卦體現的是陽逼迫陰的狀態，因而夬卦是五根陽爻、一根陰爻。

姤始遇壯。姤卦是一根陰爻、五根陽爻，陰爻剛剛遇到陽爻。

所以後面說：陰始遇陽，故稱姤焉。陰剛剛遇到陽，陰陽剛剛相遇，所以稱爲姤。

後面講：觀其姤，天地之心亦可見矣。前面我們講到復卦，可以見天地之心。實際上姤卦也可以見天地之心。復卦是講陽氣剛剛生發，姤卦是講陰氣剛剛生起，姤卦代表甚麼時候？實際上就代表夏至的時候，夏至你別看陽氣很盛，但是陰氣就開始生發了。所以通過姤卦也能夠看到天地運行的規律，天地運行的規律就是陰陽消長的規律，復卦是陽開始生長；姤卦是陰開始生長。

後面說：聖人以德化，及此罔有不昌。陰剛開始生長的時候，聖人應該怎麼辦？就是要用德行來感化天地。就好比小人剛剛開始萌芽，這個時候要用道德來感化小人，讓小人能夠轉惡爲善，如果能夠這麼做，就能夠化解小人的危機，就一定會昌盛。所以這裏講及此罔有不昌，能夠這麼做，沒有不昌盛的。

故《象》言「后以施命告四方」。這是講到姤卦的《大象傳》。姤卦的《大象傳》是這麼說的：「《象》曰，天下有風，姤，后以施命告四方。」這裏講到的「后」就是指的君主，「天下有風」，這是姤卦的卦象。這一卦是代表陰和陽相遇，好比風吹拂大地，這個時候君主應該效仿姤卦的卦象，要頒布政令，通告四方的民衆，也就是要推行德政，要教化天下。

後面說：『履霜』之愼，其在此也。

『履霜』之愼，源自於《周易》的坤卦初六的爻辭，坤卦初六的爻辭講到「履霜，堅冰至。」腳踩在霜上，陰氣剛剛形成，但是我們要知道氣候就要變冷了，到時候就會有隆冬的堅冰產生。我們看一個事情，看到它有萌芽的時候，這個時候我們就要謹愼，要小心翼翼、謹愼行事，這就是履霜堅冰的警誡之義。聖人非常重視初始，當我們一念不善起來的時候，我們就要謹愼。

天風姤卦的卦象，陰爻實際上就是代表我們有一絲邪念起來的時候，這個時候我們就要覺察，要把邪念用正念給它轉換過來。如果任由邪念繼續發展，最終就會到不可收拾的地步。

我們看到邵雍夫子在這裏選了三個卦：復卦、無妄卦和姤卦，他的用意是非常深的。復卦就是告訴我們要保持我們心中的陽氣，陽氣就是生機，一切的事業都是由這一點陽而生起來的，這個陽就是我們的仁愛之心、仁義之心。姤卦是代表陰，陰就是代表我們的邪念，我們的逐利之心。當我們這個心生起的時候，我們要特別注意，一定要防患於未然，不能夠讓這個心逐漸地發展，如果發展到最後就會到不可收拾的地步。而中間的無妄卦就是告訴我們不要輕舉妄動，要能夠恪守正道。

後面一段是總結，我們來看原文：

漁者謂樵者曰：「春為陽始，夏為陽極；秋為陰始，冬為陰極。陽始則溫，陽極則熱；陰始則涼，陰極則寒。溫則生物，熱則長物，涼則收物，寒則殺物。皆一氣其別而為四焉，其生萬物也亦然。」

這一段其實就是講到陰陽二氣的變化，這個道理從四季的往復運行，我們就能夠體會得到。

漁夫對樵夫講：春爲陽始。春天是陽氣生發之時。夏爲陽極。到夏天陽氣就盛到極點。秋爲陰始。秋天是陰氣開始生起的時候。冬爲陰極。到冬天陰氣就達到極盛。

陽始則溫，陽氣開始生發的時候，天氣就變得溫和，就像春天，天氣非常的溫和、溫暖。陽極則熱，到夏天陽氣盛的時候，天氣就變得很炎熱了。陰始則涼。到秋天陰氣開始生起，天氣變得涼爽，涼氣就開始生起了。陰極則寒，陰氣到極點就變得很寒冷。這就是爲甚麼冬天這麼冷，到冬至這一天可以說是冷到極點。

溫則生物。溫暖的時候就能夠生發萬物。熱則長物。陽氣不斷地發展，就能夠讓萬物生長，所以農作物都是在夏天長得快。涼則收物。涼氣生起來，陰是主收的，也就是到了秋天作物就有收成。寒則殺物。寒就是冬天的時候，寒氣逼人，萬物都收藏起來了，都不能夠生長，也就是我們講的春生、夏長、秋收、冬藏。

皆一氣其別而爲四焉。「一氣」指的就是陰陽之氣。陰陽之氣的運行變化不同，就有了四種分別，它有溫、熱、涼、寒這四種分別。它生長萬物也是如此，溫的時候就能夠生發，熱的時候就能夠長養，到涼的時候就會收藏萬物，到寒的時候就會扼殺萬物。這就是陰陽二氣的不斷變化，能夠生長萬物，也能夠收藏萬物。

實際上通過陰陽二氣的變化，我們就能夠體會到，不僅四季運行是如此，天下萬事萬物的發展也通通都離不開這四個階段。

這一段我們就學習到這裡，謝謝大家。

人物第十一

我們繼續來學習《漁樵問對》。第十一節「人物」，它的核心是給我們解讀爲甚麼人是萬物之靈。

我們來看原文：

> 樵者問漁者曰：「人之所以能靈於萬物者，何以知其然耶？」

樵夫請教漁夫：「爲甚麼人能夠被稱爲萬物之靈？這其中的原因究竟是甚麼？」

我們來看漁者的回答，這個回答比較長，我們一段一段的來學習。

> 漁者對曰：「人之所以能靈於萬物者，謂其目能收萬物之色，耳能收萬物之聲，鼻能收萬物之氣，口能收萬物之味。聲色氣味者，萬物之體也。目耳口鼻者，萬人之用也。體無定用，惟變是用；用無定體，惟化是體。體用交而人物之道於是乎備矣。

漁夫對樵夫講到：人之所以能夠靈於萬物，它的原因就在於人的眼睛能夠收攝萬物之色，我們的眼能夠觀色；人的耳朵能夠收攝萬物之聲，我們的耳能聞聲；人的鼻能夠收萬物之氣，我們的鼻能嗅，能夠覺知各種各樣的氣味；人的口能夠收萬物的味道，口能夠嘗各種的味道。聲、色、氣、味這四者是萬物之體。這裏講到的萬物的體是邵雍夫子提出來的。

後面說：目耳口鼻者，萬人之用也。就是眼睛、耳朵、嘴巴、鼻子，這是人的身體應用的器官。我們每一個人都需要用眼睛、耳朵、嘴巴、鼻子，眼睛幫助我們看，耳朵幫助我們聽，口幫助我們吃東西、說話，鼻幫助我們感受氣味，這是我們每個人都在用的。

後面講到：體無定用。萬事萬物的體沒有一定的用，用是隨着變化而變化的。

所以後面講：惟變是用。要根據情況的變化來定，實際上就是我們常說的大用無方，一切萬物的用在不同的情況、不同的條件下，產生的作用也是不同的。從我們人來說，萬物的用都掌握在我們人的手上，是由我們人來決定的。這就是爲甚麼人是萬物之靈？就是人能夠用萬物，而不爲萬物所用。

後面說：用無定體，惟化是體。「用」沒有一定的體，「體」是要依變化來定的。

我們怎麼樣體會？比如說我們用水，水可以有各種形態，它可以是冰，它凝固的時候是冰，它液體的狀態是水，如果把它變成氣體，它就是氣了。如果我們用這個水的話，我們所選擇的用途不同，那麼它的體也不一樣。如果我們用水來降溫，那麼用冰是最好的；如果我們要飲水，用水做飯，用它的液體狀態是最好的；如果我們需要的是氣，那麼就要把水變成水蒸氣。這就是用無定體，惟化是體。

後面說：體用交而人物之道於是乎備矣。體和用的交錯變化，一旦我們懂得了、掌握了，那麼人和物的應用之道我們就完全掌握了。這就是講到我們人爲甚麼能夠靈於萬物。

講到這一點，在《荀子·王制》上有一段話，也可以作爲一個很好的註解。《荀子·王制》裏面說：「水火有氣而無生，草木有生而無知，禽獸有知而無義，人有氣、有生、有知，亦且有義，故最爲天下貴。」這就是給我們說明人超越草木這樣的無情衆生，也超越禽獸這些動物。實際上對萬物的認識，在儒家裏面講得還沒有那麼透徹，在佛教裏面就講得比較透徹，佛教講到衆生它分成有情衆生、無情衆生，有情衆生又把它分成六趣，也就是六道；四生，也就是胎生、卵生、濕生、化生。六道就是地獄、餓鬼、畜生、人、修羅和天道。在六道當中，人道是最適合修行的。爲甚麼？因爲三途很苦，天道又過於快樂，修羅嗔心很重，都不適合修行，只有人道，他雖然有苦，但不是最苦的；他雖然有樂，但是樂也有限，所以人道最適合修行。因此諸佛示現成佛，通通都是在人道示現。我們看到釋迦牟尼佛示現出生在人間，成道在人間，涅槃也是在人間。這是講到人的這種可貴，得到人身也是無比的可貴的。這一點儒家和佛家這個結論是相通的。

我們再來看下面的內容：

然則人亦物也，聖人亦人也。有一物之物，有十物之物，有百物之物，有千物之物，有萬物之物，有億物之物，有兆物之物。生一一之物，當兆物之物者，豈非人乎？

這一段是跟我們講，人也是屬於萬物之一，聖人也是人。我們講堯舜禹湯，孔孟老莊這些聖人都是人成的，諸佛菩薩也都是人成的。所有的聖人通通也都是人。

後面邵雍夫子講：物有一物之物。這個物只是一個物體，這是一物之物。如果從現在科學來講就是單細胞的生物。

還有有十物之物，有百物之物，有千物之物，有萬物之物，有億物之物，有兆物之物。兆物，「兆」也是一個數量單位，古人把萬億稱爲一兆。這是講到物的不同。

後面講：生一一之物，當兆物之物者，豈非人乎？這一句話我們怎麼樣體會呢？通過今天的科學發展，我們就能夠深有體會，這裏的「生」可以說是創造。創造一個事物，它能夠抵得上兆物之物，能夠做到這一點的就只有是人。

我們舉一個例子，比如說我們現在發明了計算機，計算機它的計算能力可以說超過我們很多很多人加在一起的總和。也就是這裏講的兆物之物，就像現在的人工智能，AI它所存儲的信息就遠遠超過我們一個個體的人大腦中所存儲的信息，不知道要超過多少倍。

我們再來看下面的內容：

有一人之人，有十人之人，有百人之人，有千人之人，有萬人之人，有億人之人，有兆人之人。生一一之人，當兆人之人者，豈非聖乎？

人跟人也是不一樣的，有的人是一人之人，他只具足一個人的能力、一個人的才智，就是最普通的人；有的人他具足十個人的能力、十個人的才智，這就是十人之人，他一個人就能夠幹十個人的事情；還有百人之人，一個人可以抵得上一百個人；有千人之人，一個人可以抵得上一千個人；有萬人之人，一個人能抵一萬個人；有億人之人，他一個人的能力可以超過一億人；還有兆人之人，他一個人的能力能夠超過一萬億的人。這樣的人是甚麼人？就是聖人。

像萬人之人、億人之人、兆人之人，這樣的人就是人類當中的精英，或者說是人中龍鳳。就像科學家錢學森，錢學森從美國回到中國的時候，當時美國人就說他這一個人可以抵得上三個師的力量，三個師那就是有幾萬人了，他的能力超過幾萬個人。實際上還遠遠不止，錢學森對我們國家的國防事業，對於我們的兩彈一星事業可以說做出了巨大的貢獻。這個價值是無法用數字來衡量的，這就是萬人之人、億人之人。還有兆人之人。就像歷史上這些偉大的聖人，如孔老夫子、佛陀，這樣的人在歷史長河當中，上千年才出現一個，這樣的人就是兆人之人。

生一一之人，當兆人之人者，豈非聖乎？同樣是一個人，他能夠成爲兆人之人，這樣的人就是聖人了。

後面說：

> 是知人也者，物之至者也；聖也者，人之至者也。物之至者，始得謂之物之物也；人之至者，始得謂之人之人也。夫物之至者，至物之謂也；而人之至者，至人之謂也。

由此我們就知道，人是物當中的至物，聖人是人當中的至人。人是萬物當中最高級的，而聖人又是人群當中最高級、最智慧的。

後面說：物之至者，始得謂之物之物也。甚麼叫物之至者？我們簡單的打一個比喻說，比如說黃金，黃金在很多事物當中它是非常珍貴的，一點點的黃金可能價值超過很多很多的沙子、泥土，就像一千斤的沙子，它也比不上一兩黃金。黃金就是千物之物，萬物之物，甚至於億物之物，這就是物之至者。

人之至者，始得謂之人之人也。在人當中達到極致的人，這樣的人才能夠稱得是百人之人、千人之人、萬人之人、億人之人、兆人之人。

後面就講到：夫物之至者，至物之謂也。達到極致的物才能夠稱爲至物，也就是物中之物。

而人之至者，至人之謂也。達到極致的人才能夠稱爲至人。

甚麼叫作達到極致的人？就是這個人的德行、學問、智慧他超過一般人，達到了極致，他的道德、學問、能力、修養都達到極致，這樣的人稱爲至人。

下面說：

以一至物而當一至人，則非聖人而何？

這裏講的以一至物，至物指的就是人。前面講到人也者，物之至者也。當一至人，你從一個普通人到成爲一個至人，「至人」就是聖人。這樣的人只能是聖人才能夠達到。

所以後面說：

人謂之不聖，則吾不信也。

如果有人說他不是聖人，那麼我是不相信的。

我們再看下面的內容：

何哉？謂其能以一心觀萬心，一身觀萬身，一物觀萬物，一世觀萬世者焉；

爲甚麼呢？這就是跟我們講聖人的境界。聖人能夠以一心觀萬心，以一人之心觀到萬人之心，這是甚麼？就是恕道，《論語》裏面講到夫子的學問是「忠恕而已」，「恕」字上面一個

「如」字，下面一個「心」，叫如其心。聖人通過觀察自己，就能夠觀察到天下衆生的心。比如說聖人知道，一切衆生都愛惜自己的生命，所以儒家講「上天有好生之德」，因此儒家提倡仁愛，佛教告訴我們不要殺生，這就是以一心觀萬心。

後面說：一身觀萬身。「一身」就是我們自己的身，我們的肉身。肉身是怎麼形成的？佛教裏面講由地、水、火、風四大元素組成。我們的身是不堅的，身也是不淨的，不僅我們的身是如此，天下一切衆生的身都是如此，所以佛教裏面講觀身不淨。身是因緣和合而生，因緣和合這個身就成了，因緣離散這個身就滅了，身不是恒常的。所以佛教裏面講身不是我，而是爲我所有。就好比我們開車了，身體好比是這個車子，車子能夠行走，但是能夠讓車子行走的不是車子本身，而是這個司機。就像我們人的身體，他受甚麼支配？受我們的心支配。不光人是如此，一切有情衆生都是如此。

後面講：一物觀萬物。聖人通過觀察一件事物，他就能夠看到萬物的規律。佛在經上講「身不堅，命不堅，財也不堅。」「財」就是物。世間一切萬物都是不堅固的，都是因緣生法，因緣和合就生了，因緣離散就滅了。

後面說：一世觀萬世者焉。「一世」這是三十年；「萬世」就是我們講的歷史的長河，很長的時間。實際上我們要知道，歷史、時代雖然在變化，但是世界上沒有新鮮事，所以有一句話講「太陽底下沒有新鮮事」，人心是不分古今的，所以聖人能夠通過一世觀察到萬世。因此聖人就把大道給我們說明，大道是恒久不變的，不會因爲時間的變化而產生變化。

我們再看後面：

> 又謂其能以心代天意，口代天言，手代天工，身代天事者焉。

這還是給我們講聖人，聖人能夠以自己的心代替天心，爲甚麼？因爲聖人的心和天心相合。

口代天言。聖人所出的言論，他是符合天道的。所以《孝經》裏面講「非先王之法言，不敢言。」

後面說：手代天工，身代天事者焉。聖人做的一切事都是在替天行事、替天行道。因此儒家的《孝經》裏面講「非先王之德行，不敢行。」《孝經》裏面講到的「先王」，其實就是這裏講的聖人。

後面說：

> 又謂其能以上識天時，下盡地理，中盡物情，通照人事者焉。

這是講聖人能夠上識天時、下盡地理，他能夠知地理。中盡物情，他能夠通曉萬物之情，一切事情、一切事物的規律他都能夠明白。通照人事，聖人對於人情世故，他都能夠通通明白。

我們看中國文化，中國古人把人倫總結爲五倫：父子有親、夫婦有別、兄友弟恭、君仁臣忠、朋友有誼。這是講到人倫關係的行爲的準則。同樣我們看到在西方，印度的佛陀，佛陀在經典裏面也給我們把這個人倫關係總結出來。在佛教裏面有一部《善生經》，也就是講人倫關係的。《善生經》裏面用六方代表六種人倫關係，六種人倫關係和中國的五倫關係，它也是暗合道妙，雖然多了一種，但是本質意思是一樣的。

《善生經》裏面講到六方，東方就代表父子關係，南方代表師生關係，西方代表夫妻關係，北方代表親族關係（親族關係類似於我們中國人講的兄弟關係，或者說是長幼有序，長幼的關係），上方是代表宗教關係（也就是宗教士和信徒的關係），下方是代表僱傭關係，相當於中國人所談到的君臣關係。

在六倫關係當中，只有宗教關係是中國本土沒有的。因爲在中國上古時期，中國人沒有宗教，宗教是外來的。由此我們就知道，無論是東方的聖人、西方的聖人，他們對於人事的通達都是完全相通的。

後面又說：

又謂其能以彌綸天地，出入造化，進退今古，表裏人物者焉。

這是講到聖人又能夠彌綸天地。「彌綸」就是貫通的意思，它能夠貫通天地之道。

出入造化。他能夠在天地之間得到眞正的自由自在。簡單講他就能夠把自己的生死問題解決掉，能夠生死自在、出入自由，不會爲有形的東西所累。

後面說：進退今古。他對於古今的一切沒有不通達的，從佛教來講就是說他對一切的因果都能夠完全明白。

最後說：表裏人物者焉。他對於人和物的各種關係，他都能夠和諧地處理，能夠貫通人物的表裏。這一段實際上就是邵雍夫子對他心目當中的聖人的描述。

後面說：

> 噫！聖人者，非世世而效聖焉，吾不得而目見之也。雖然吾不得而目見之，察其心，觀其蹟，探其體，潛其用，雖億萬年亦可以理知之也。

這是邵雍夫子的感歎，聖人不是世世代代都會出現於世的。而且他感嘆自己這一生也沒有機會見到聖人。但是邵雍夫子講到，雖然我沒有辦法親眼見到聖人，但是我可以體察聖人的心思，去觀聖人的行跡，去探究聖人的本體，去潛心於聖人的大用，哪怕是我跟他相隔一萬年，我也可以通過這個理知道聖人的存在。

我們再來看後面的內容：

> 人或告我曰『天地之外，別有天地萬物，異乎此天地萬物』，則吾不得而知已。非唯吾不得而知已也，聖人亦

不得而不知之也。

這一段是跟我們講，也許有人會跟我講，在我們天地之外，還有另外的天地，還有另外的萬物，跟我們這裏的天地萬物不同。對於這一種說法，邵雍夫子講：吾不得而知已。這個我不知道是眞是假，爲甚麼？因爲他沒有親自見證過。從這裏我們就知道，邵雍夫子可能對於佛法沒有深入的研究。實際上在佛教裏面，對於我們這個世界、宇宙，佛有過很多的描述，在《華嚴經》裏面有《世界成就品》《華藏世界品》，就跟我們講到我們這個世界是怎麼樣形成的，我們所在的娑婆世界只是華藏世界的一個很小的組成部分，實際上在我們這個世界之外還有無量無邊的世界。對於這一點，現在的科學也在逐步證明。

我們看到邵雍夫子講到他不得而知，但是他也沒有加以否定，這就非常的難能可貴。不像後來一般的儒家學者，對佛法完全是持否定的態度。

後面說：非唯吾不得而知已也，聖人亦不得而不知之也。不只是我不得而知，聖人也不得而知。當然這裏面講到的聖人，是儒家學問當中講到的聖人，如果是佛教裏面講到的聖者，他是知道的，不僅諸佛如來知道，破一品無明，證一分法身的法身菩薩，他就知道了。

後面說：

凡言知者，謂其心得而知之也。言之者，謂其口得而言之也。既心尚不得而知之，口又惡得而言之乎？以心不可得知而知之，是謂妄知也。以口不可得言而言之，是謂妄言也。吾又安能從妄人而行妄知、妄言者乎？」

這裏講到：凡言知者，謂其心得而知之也。我們講知道的這個「知」，就是我們心有所得，這才叫知，我們的心能夠明白。

後面講：言之者，謂其口得而言之也。「言」就是指言說。我們說甚麼話，說的這個話都是講話者的口能夠說得出來的，如果我們的心不能夠體會，我們的口也就說不出來。一個人說話，所說的一切實際上是不出他的認知的。

後面說：以心不可得知而知之，是謂妄知也。我們心裏不知道，但是說知道，這就叫妄知。

以口不可得言而言之，是謂妄言也。我們口裏說話說不清，說不清了你還要說，這就叫妄言。

最後邵雍夫子說：吾又安能從妄人而行妄知、妄言者乎？我怎麼能夠像妄人那樣妄知、妄言？這就是孔子在《論語》裏面講的「知之爲知之，不知爲不知，是知也。」邵雍夫子所講到的，實際上就是他所領悟到的境界，是他的精神境界，他已經體悟的境界，他的學問不是妄知，他所說的也不是妄言。

我們接著來看後面的內容：

漁者謂樵者曰：「仲尼有言曰：『殷因於夏禮，所損益可知也；周因於殷禮，所損益可知也。其或繼周者，雖百世可知也。』夫如是，則何止千百世而已哉！億千萬世，皆可得而知之也。

漁夫對樵夫說道：孔子有一段話講到。這一段話在《論語》裏面有記載，出自《論語》的《爲政第二》。

殷因於夏禮。「殷」指的是殷商，商朝的禮是根據夏朝的禮來制定的。

所損益可知也。殷朝的禮在夏朝的禮上增加了哪些，減少了哪些，這是可以知道的。

後面講：周因於殷禮，所損益可知也。周朝的禮又是沿襲殷朝的禮，減少了哪些禮，增加了哪些禮，這些也是可以知道的。

其或繼周者。未來還會有代周而立的朝代。

雖百世可知也。朝代雖然距離我有一百世那麼遙遠，但是它的禮還是可以知道的，爲甚麼？因爲禮是根據天地人倫的常道來制定的，無論在甚麼時代，禮的精神、禮的本質是不變的，所以說百世可知。

因此邵雍夫子講到：夫如是。如果像孔子這麼說的話。

則何止千百世而已哉！那麼哪裏只是千百世而已。

億千萬世，皆可得而知之也。哪怕是經過一億世，一千萬世，之後的禮也是可以知道的。只要人類存在，這個禮都是不可廢的，而且都是相通的。

我們再看後面的內容：

人皆知仲尼之為仲尼，不知仲尼之所以為仲尼。不欲知仲尼之所以為仲尼則已，如其必欲知仲尼之所以為仲尼，則捨天地將奚之焉？

我們一般人都知道孔子是孔子，但是不知道孔子爲甚麼能夠成爲孔子。我們講孔子是萬世師表，古人講：「天不生仲尼，則萬古如長夜。」同樣是人，爲甚麼我們是一個凡夫？而孔子成爲萬世師表？他是怎麼樣成爲萬世師表的？如果我們不想知道孔子爲甚麼成爲孔子也就罷了，如果我們要知道孔子之所以成爲孔子的原因，那麼我們一定要去天地當中尋找答案。爲甚麼？因爲孔子所行的就是天地之道，用我們現在話來講，孔子就是天選之人。《論語》裏面講到，「天將以夫子爲木鐸」，夫子來到這個世間，就是代替上天來世間教化萬民的，所以他成爲至聖先師。因此，孔子之所以能夠成爲至聖先師的原因，我們一定要從天地之道上去尋找答案。

所以後面講到：

人皆知天地之為天地，不知天地之所以為天地。不欲知天地之所以為天地則已，如其必欲知天地之所以為天地，則捨動靜將奚之焉？

我們都知道天地是天地，但是不知道天地爲甚麼是天地，天爲甚麼是天？地爲甚麼是地？這裏面有甚麼樣的道理？如果你不想知道這個道理也就罷了，如果你要想知道這個道理，那麼捨掉動和靜你是無法知道的。這裏的動和靜其實代表的就是陰和陽，陽主動、陰主靜。實際上天地的奧秘就在一動一靜之間，也就是在一陰一陽之間。所以《易經》上講「一陰一陽謂之道」。

後面說：

夫一動一靜之間者，天地人之至妙至妙者歟？

天地人的奧妙都在一動一靜之間，在一陰一陽之間。《易經》給我們講的就是陰陽變化的道理。《繫辭傳》裏面講到「《易》之爲書也，廣大悉備。有天道焉，有人道焉，有地道焉。」天道、地道、人道通通都包含在《易》當中，《易》在哪裏？就在陰陽變化當中，陰陽變化就是一動一靜，這裏面就包含了天地宇宙人生的奧秘。

後面說：

是知仲尼之所以能盡三才之道者，謂其行無轍蹟也。

孔子爲甚麼能夠成爲孔子？爲甚麼能夠成爲至聖先師？就是他能夠盡三才之道，他能夠盡天道、地道、人道。而且孔子的行是行無轍蹟，他是無爲而爲、無作而作。孔子所有的言和行通通都是自性的流露，都不是刻意爲之，這叫行無轍蹟。

故有言曰:『予欲無言。』

這是孔子的話,在《論語·陽貨》裏面就講到,予欲無言。

又曰:『天何言哉?四時行焉,百物生焉。』其此之謂與?」

孔子又講到:天何言哉?天有說甚麼話嗎?甚麼也沒有說。

四時行焉,但是四時自然的依序更替,所謂春去秋來,歲月更迭。

百物生焉。萬物自然生長,但是天沒有任何的言語。

其此之謂與?這個大概就是天地之道了,天地之道是無言的。不僅孔子是如此,佛陀也是如此。佛到最後說「我沒有說一句法」,爲甚麼?因爲佛是說而無說,無說而說,在眞實理地實際上是無一法可說。

這一段主要是邵雍夫子給我們講到他心目中的聖人是甚麼樣的,而且跟我們說明了爲甚麼孔子能夠成爲孔子,就是他能夠盡天地人三才之道。我們能夠盡天地之道,你就能夠成聖成賢。

這一段我們就學習到這裡,謝謝大家。

權變第十二

我們繼續來學習《漁樵問對》。我們來看第十二節「權變」，這一段是跟我們講到權變的重要性。這裏的「權」指的是權衡；「變」是變化、變通。這一段沒有問，只是漁夫對樵夫的論說。

漁者謂樵者曰：「大哉！權之與變乎？非聖人無以盡之。

漁夫對樵夫講到：太偉大了！這個道理可以說是太深、太廣了。這是甚麼道理？就是權與變的道理。甚麼是權與變？「權」指的是權衡。權衡這個詞的本義，「權」指的是秤砣，「衡」指的是秤桿，合起來是衡量的意思。在這裏講到的權，它不是說用我們個人的主觀意識去認識世界，這麼簡單地去權衡，而是要去掉我們的私心，放下我們自己的意識，然後再去權衡一切的事物，要以天地之道來權衡。

這裏講的「變」，指的是變化、變通。這裏的變也不是以人的意志爲轉移的變，而是要按照自然的規律去隨之而變，要順着自然的變化而變化。

在《周易·繫辭傳》上講到「變化者，進退之象。」權衡之道、變化之道，或者說變通之道，只有聖人才能夠做到完美，也只有聖人才能夠窮盡權與變的理。

後面說：

變然後知天地之消長，權然後知天下之輕重。

意思就是講我們只有通過變，才能夠知道天地之間陰陽二氣的消長，就像我們觀察自然、觀察社會都是如此。通過甚麼地方來觀察？就是通過這個變化。比如說我們觀察一年四季，我們通過自然環境的變化，就能夠知道陰陽二氣的消長，知道四季的變化。四季的變化從哪裏體現？就是從自然環境的變化來體現。所謂一葉知秋，樹葉從樹上掉落下來，我們就知道秋天已經來了。然後我們看到鴨子到水裏游泳，我們就知道春天來了，所謂「春江水暖鴨先知」。你通過變化，你就能夠知道天地陰陽二氣的消長，就能夠知道四時的變化。

後面說：權然後知天下之輕重。通過權衡你才能夠知道天下事物的輕和重，

後面說：

消長，時也；輕重，事也。

陰陽的消長是由時來決定的，消長是隨着時間的變化而變化。輕重，事也。輕重是隨事物的發展程度來決定的。消長講的是時，輕重說的是事。

時有否泰，事有損益。

時運有否和泰，「否」就是否塞；「泰」就是通泰。實際上這裏的否和泰指的就是《易經》裏面的否卦和泰卦。《易經》的否卦，下卦是坤，上卦是乾，陰陽二氣不能夠交感，代表否塞。《大象傳》上說「《象》曰：天地不交否，君子以儉德闢難，不可容以祿。」否卦從社會來講，就是社會黑暗時期，所謂「小人道長，君子道消」，這個時候君子應該勤儉節約，避開危險、災難，不能夠謀取高官厚祿，不能夠去追求榮華富貴。

泰卦是和否卦完全相反，泰卦的下卦是乾，上卦是坤，代表陰陽二氣相感。從社會形勢來講就是「君子道長，小人道消」。《大象傳》裏面說「《象》曰：天地交泰，後以財成天地之道，輔相天地之宜，以左右民。」泰卦代表天地二氣相交，陰陽二氣相交，這樣就會通泰。這個時候國家的君主要掌握時機，要懂得裁節條理，來輔助天地之間陰陽二氣的交合之道，促成天地化生萬物的機宜，來護佑天下的百姓，讓百姓得到安樂。

這裏面講到：時有否泰。天時有否塞的時候，也有通泰的時候，眞正有智慧的人，他就懂得觀察天時，無論是說話、行事都要依時而行，就是前面講的「時而後言」，不僅言是如此，所有的行動也是如此。

後面講：事有損益。事情有減損、有增益的時候。損益實際上也是《易經》裏面的兩卦：損卦和益卦。這兩卦反映的是事物的發展和衰落。損卦的卦象下卦是兌卦，上卦是艮卦。艮卦代表山，兌卦代表澤，這個卦象是山澤浸蝕大山，代表減損。在《大象傳》裏面講到「《象》曰：山下有澤，損，君子以懲忿窒欲。」損卦的卦象代表著減損，君子看到損卦的卦象要控制自己的憤怒，克制自己的欲望，這叫懲忿窒欲。我們要減少自己的欲望，這是最好的損。我們如果能夠減損欲望，就能夠得到利益。

所以在《易經》裏面，損卦的後面就是益卦。益卦的卦象下卦是震，上卦是巽。震爲雷，巽爲風，也就是風雷益卦。在《大象傳》裏面說：「《象》曰：風雷，益，君子以見善則遷，有過則改。」益卦的卦象是風雷激蕩的象，代表著增益。君子看到這個卦象要見善則遷，有過則改，見到善行我們就要效法，有過錯就要改正，這樣做就能夠給我們帶來最大的利益。

這裏面講，時有否泰，事有損益。當我們遇到否運的時候，我們就要學會減損；如果我們遇到泰運的時候，這個時候我們就要懂得增益。

後面說：

聖人不知隨時否泰之道，奚由知變之所為乎？

一個眞正智慧的人，一個通達易理的人，他一定能夠明白，隨着時間變化會有否塞和通泰，這是天時變化的自然的規律。如果他不知道天時的否塞、通泰之道，那麼他就不會懂得採取變通之道。一個眞正的智者，他首先是要懂得知時，他能夠懂得觀察天時，也就是俗話講的「識時務者爲俊傑」，識時務就是能夠知時，知道當下的時間，是君子道長，還是小人道長；是否塞之時，還是通泰之時，或者說時勢在往哪個方向發展，這個是我們做任何事情都要明白的。

後面說：

聖人不知隨時損益之道，奚由知權之所為乎？

聖人要知道，隨着時勢的發展，在做事的時候要懂得減損，懂得增益。一個眞正的智者，他一定明白損益之道。損益之道從我們個人修德來說，「損」就是減損我們的欲望；「益」就是增益我們的德行，這一點無論在甚麼時候，都是我們要守住的一條準則。

後面說：

運消長者，變也。

讓消長發生的是變化，天時的變化，會讓陰陽二氣此消彼長。

處輕重者，權也。

對事情的處理是輕、是重，這是權衡的結果。我們面對一件事情，我們要懂得權衡，知道甚麼是輕，甚麼是重。在《漁樵問對》開篇就講到利和害的問題，這個利和害我們怎麼樣去把握？這就需要我們懂得權衡。如果我們做一件事情不懂得權衡利與弊，那麼你就很難做出恰當的選擇。

所以後面說：

是知權之與變，聖人之一道耳。

我們由此可以知道，權衡和變通就是聖人治理天下的精一之道。

這裏講的「一道」，可以說就是聖人之道。只有聖人才有圓滿的智慧，才能夠懂得眞正的權衡與變通，知道甚麼是輕，甚麼是重，懂得觀察時勢的發展，從而做出最正確的選擇。

這是講到權變，實際上就是一種聖人的大智慧。告訴我們要懂得觀察時勢的變化，從而要懂得權衡，在這個過程當中做出最合適的選擇。要順應天時，要懂得隨着時勢的變化而變化，知道事情的輕重。

這一段我們就學習到這裡，謝謝大家。

生死第十三

我們繼續來學習《漁樵問對》。我們來看第十三節「生死」，這一段跟我們談的是生死、靈魂和知覺的問題。人死了之後到底有沒有靈知？這個問題實際上在儒家談的是不多的。孔子在《論語》裏面就講到「未知生，焉之死」。死的學問比生的學問更大。

我們來看原文：

樵者問漁者曰：「人謂死而有知，有諸？」

曰：「有之。」

曰：「何以知其然？」

曰：「以人知之。」

樵夫問漁夫：「有人講人死了之後他還有靈知，也就是我們講的他還有靈魂，有沒有這個事情？」

漁夫回答說：「確實是有的。」

樵夫問：「從哪裏可以知道有？」

漁夫回答：「從人這裏就知道有。」

這究竟是怎麼回事，我們來看邵雍夫子他是如何看待這個問題的。

我們看下面的內容：

曰：「何者謂之人？」

曰：「目耳鼻口、心膽脾腎之氣全，謂之人。心之靈曰神，膽之靈曰魄。脾之靈曰魂，腎之靈曰精；心之神發乎目，則謂之視；腎之精發乎耳，則謂之聽；脾之魂發乎鼻，則謂之臭；膽之魄發乎口，則謂之言。八者具備，然後謂之人。

樵夫問到：「何者謂之人？」作爲一個人他應該具備哪些條件？怎麼樣才能夠稱作爲一個人？

漁夫說：目耳鼻口、心膽脾腎之氣全，謂之人。作爲一個人，他要有眼睛、有耳朵、有鼻子、有嘴巴，他還要有心、有膽、有脾、有腎，這八個部位的氣全備才能夠稱之爲人。

然後後面講到：心之靈曰神。這就是我們講的人的精氣神，甚麼叫神？神就是心之靈。

後面說：膽之靈曰魄。也就是膽的靈氣就稱爲魄。

脾之靈曰魂。脾的靈氣就稱爲魂。

腎之靈曰精。腎的靈氣稱爲精。一個人如果腎氣很足，那麼他就會特別精神。

心之神發乎目。一個人的心神可以通過眼睛來體現，一個人心沒有神的時候，他目光是呆滯的，是無精打采的。

則謂之視。就稱爲視，就是我們講的視覺。

腎之精發乎耳，則謂之聽。腎的精氣從我們的耳朵顯現出來，這就稱爲聽覺。

脾之魂發乎鼻。脾的魂從我們的鼻來顯現，所以把它稱爲嗅，也就是嗅覺。

膽之魄發乎口，則謂之言。膽的魂從我們的口體現，就稱爲言。

八者具備，然後謂之人。這八個部位的氣通通都具足，這樣才能夠稱爲是一個人。

這是邵雍夫子對人的解釋，它這裏面的一些說法和中醫經典《黃帝內經》的說法是相通的。

我們繼續來看後面的內容：

> 夫人也者，天地萬物之秀氣也。然而亦有不中者，各求其類也。若全得人類，則謂之曰全人之人。夫全類者，天地萬物之中氣也，謂之曰全德之人也。全德之人者，人之人者也。

這裏講到：夫人也者，天地萬物之秀氣也。人是稟天地萬物的秀氣而生的。

後面說：然而亦有不中者，各求其類也。也有的人他在某一方面他是缺少的，所以每個人出生後也有不同的差別，有的人天生就很聰明，有的人他就天生比較愚笨，這就是出生的時候所稟受的氣不一樣。而且有的人生下來他是四肢健全，有的人生下來天生就是殘疾，這也是他稟受的氣不一樣。

後面說：若全得人類，則謂之曰全人之人。他各方面都齊全的話，這樣的人就能夠成爲全人。

夫全類者，天地萬物之中氣也，謂之曰全德之人也。前面講到的全人，他所稟受的是天地萬物的中和之氣，這樣的人能夠稱爲全德之人。

後面說：全德之人者，人之人者也。全德之人，這樣的人可以說是人中之人，是人當中最優秀的，或者說是最全面的、最出色的，他的德能、相好都超過普通的人。

後面講：

夫人之人者，仁人之謂也。唯全人，然後能當之。

這個人之人，也就是人中之人，這樣的人就是仁人，也就是有仁德之人。甚麼樣的人才能夠稱爲有仁德之人？

唯全人，然後能當之。只有是全人才能夠配得上仁人的稱號。他在各個方面都做得很好，這樣的人才能夠成爲仁者，才能夠稱爲仁人。仁者，在佛教當中用來稱呼菩薩，是對菩薩的尊稱。這是給我們講到甚麼是全人。

後面說：

人之生也，謂其氣行，人之死也，謂其形返。

我們常講「人活一口氣」，人能夠生存，人能夠活着，就是靠一口氣，靠身體裏面的陽氣在運行，人死了就是人的形體返還了。這裏講謂其形返，他的形骸又回到他未生之前的狀態，也就是民間講的塵歸塵、土歸土。

後面說：

氣行則神魂交，形返則精魄存。

人活着的時候陽氣運行，那麼人的神魂就相交；如果人死了的話，那麼他的形骸就返歸本源，那麼就留下精和魄存在這個世界。

後面說：

神魂行於天，精魄返於地。行於天，則謂之曰陽行；返於地，則謂之曰陰返。

神魂是行於天的，精魄最終要回到地。神魂行於天，這就叫作陽行，也就是陽氣在運行。返於地，那就是人體裏面的陽氣沒有了，只有陰氣了，這個陰氣是來自於地，所以叫作陰返。

陽行則晝見而夜伏者也。

「陽行」就是指的是活着的人。我們人活着，白天勞作，到晚上潛伏，也就是白天工作，到夜晚就休息、睡覺。

陰返則夜見而晝伏者也。

如果人死了之後，叫陰返，我們民間叫作到陰間。這個時候晚上就出來，白天就要藏伏起來。

這是邵雍夫子對人的生死情況的描述，完全是以陰陽二氣來描述生死的情況。

後面講到：

是故，知日者月之形也，月者日之影也；陽者陰之形也，陰者陽之影也；人者鬼之形也，鬼者人之影也。

由此我們就知道太陽是月亮的形狀，而月亮是太陽的影子。我們知道，在邵雍那個時代還沒有發明天文望遠鏡，人們對於日月的認識和現代科學的認識是不同的，但是這裏面也有其中的道理。

比如說這裏講到日者月之形也，我們現在都知道，無論是太陽還是月亮，它都是圓形的。後面講陽者陰之形也，陽是陰的形狀。陰者陽之影也，陰是陽的影子。

最後邵雍夫子就推斷出：人者鬼之形也，這個人的形狀其實就是鬼的形狀。鬼者人之影也。這個鬼實際上是人的影子。

在這裏邵雍夫子通過陰陽二氣的交感，給我們說明人和鬼的這種關係。

最後他就講到：

人謂鬼無形而無知者，吾不信也。

人們講鬼沒有形狀、沒有知覺，我是不相信的。我們通過學習佛法，對於鬼道衆生的情況了解的就更多了。鬼道衆生的種類也是很多很多的，鬼道都是生活在黑暗當中，可以說是暗無天日。一般鬼到晚上它才出來，在白天它就藏起來了。和邵雍先生在這裏講的情況是非常相符的。而且鬼有鬼的形狀，鬼也有鬼的知覺，但是由於鬼跟我們不是生活在同一個維次空間，所以我們凡夫用肉眼是看不到的。雖然看不到，但是不等於它不存在。

通過這一段我們就知道，在邵雍夫子看來，他是相信有鬼的，而且他認爲鬼有形狀、鬼有知覺。他在這裏對人死之後的這個狀況的描述，雖然是通過陰陽二氣之說來推斷的，但是他和佛經上講到的鬼道衆生的情況，可以說是暗合道妙。而且他確認了鬼是有靈知的，人死了不是甚麼都沒了，這也從另外一個方面證明了佛教裏面講到人有生死輪迴，這個是眞實不虛的。

這一段我們就學習到此地，謝謝大家。

君子小人第十四

我們繼續來學習《漁樵問對》。我們來看第十四節「君子小人」，這一段主要是跟我們說明了君子和小人的特性。實際上在一個社會當中，君子、小人往往都是同時存在的。就好比陰和陽，陰陽也是同時存在的。而且君子和小人也是一個相對的概念，如果沒有君子，那麼也就沒有小人，就好比沒有陰就沒有陽，這和佛教裏面談到的煩惱和菩提的關係也是相通的。

我們來看原文：

樵者問漁者曰：「小人可絕乎？」

樵夫向漁夫請教：「小人能不能夠讓他絕跡？」能不能把小人通通消滅掉，讓小人完全在社會上沒有立足之地，這能不能做到？實際上是做不到的。《易經》裏面陰陽消長的道理，實際上就把這個問題跟我們說明白了。當陽盛的時候，陰就已經在生長了；當陰盛的時候，陽又開始萌發了。

我們來看漁夫的回答：

曰：「不可。君子稟陽正氣而生，小人稟陰邪氣而生。無陰則陽不成，無小人則君子亦不成，唯以盛衰乎其間也。

漁夫講到：讓小人滅絕，這個是做不到的事情。他講到：君子是稟陽氣、稟正氣而生的；小人是稟陰氣、邪氣而生的。沒有陰，那麼陽就不能夠生長；沒有小人，其實也就凸顯不出君子來。

這裏面有一個問題，君子佔上風？還是小人佔上風？也就是《易經》裏面講的，君子道長，還是小人道長？如果君子道長，那麼社會就會興盛；如果小人道長，那麼這個社會就會衰敗。

所以後面講到：

陽六分則陰四分，陰六分則陽四分，陽陰相半則各五分矣。

陽氣佔了六分的話，那麼陰氣就只能佔四分；陰氣佔了六分，陽氣只能佔四分；或者是陰陽各佔一半。

由是知君子小人之時有盛衰也。

君子、小人各自都有它的盛衰之時。甚麼是君子、小人的盛衰之時？

後面講到：

治世則君子六分。

這個社會是在治平之世的話，那麼就是君子道長，小人道消，君子能夠佔到六成。

君子六分，則小人四分，小人固不能勝君子矣。亂世則反是。

如果君子佔了六分，那麼小人只佔四分，小人自然就不能夠戰勝君子。所以這個社會就是治世，也就是《易經》裏面講到的「君子道長，小人道消」，君子佔了上風的時候，那麼社會崇尚的就是道德仁義，就能夠得到善治。

如果反過來，小人佔了六分，君子只佔四分，那麼小人的勢力就增長，所謂小人道長，君子道消，這就是社會否塞之時，也就是《易經》裏面否卦的卦象，社會的風氣否塞不通，這個時候社會就會由盛轉衰，就會走向衰敗，導致世亂。

後面說：

君君，臣臣，父父，子子，兄兄，弟弟，夫夫，婦婦，謂各安其分也。君不君，臣不臣，父不父，子不子，兄不兄，弟不弟，夫不夫，婦不婦，謂各失其分也。此則由世治世亂使之然也。

甚麼叫作君君、臣臣、父父、子子、兄兄、弟弟、夫夫、婦婦呢?每個人在自己的位置都能夠遵守自己的本分,做領導有做領導的樣子,能夠做到領導的本分;做臣子有做臣子的樣子,能夠盡到臣德;做父親能夠做一個慈父,做兒子能做一個孝子,做兄長能夠友愛弟弟,做弟弟能夠恭敬兄長,做丈夫能夠講求道義,做妻子能夠敬順丈夫、能夠遵守婦德。這就是講到每個人都能夠各安其分,大家都能敦倫盡分。

如果君不行君道,那麼臣也就不會行臣道;做父親不慈,做兒子就不會孝順;做兄長不友愛,做弟弟就不會恭敬兄長;做丈夫不講道義,那麼妻子也就不會守婦德,這樣大家都失去了自己做人的本分。

人能不能夠敦倫盡分?實際上是受社會風氣決定的。社會風氣對人的影響是最大的,也就是這裏講到的此則由世治世亂使之然也。這是由世道是治世還是亂世來決定的。

後面說:

君子常行勝言,小人常言勝行。

這是講到君子和小人的區分。講到君子和小人的分別,在經典裏面很多。《論語》裏面就講到,所謂「君子懷德,小人懷土;君子懷刑,小人懷惠;君子喻於義,小人喻於利。」這都是講到君子和小人的分別。

這裏講到：君子常行勝言。他的行持勝過於他所說的，勝過他的言論。

小人常言勝行。小人是說的比做的好聽。

所以後面講到：

故世治則篤實之士多，世亂則緣飾之士眾。

天下大治的時候，那麼篤實的人就很多；如果是亂世的時候，那麼巧飾的人就很多。

後面說：

篤實鮮不成事，緣飾鮮不敗事。

一個人如果做人很篤實，他就能夠成事。如果一個人他是巧飾，他的言勝於行，巧言令色的話，這樣的人只會敗事。

後面講：

成多國興，敗多國亡。

社會成事的人多了，國家就會興盛；如果敗事的人多了，國家就會危亡。不僅一個國家是如此，一個家庭也是如此。

所以後面講：

家亦由是而興亡也。

一個家的興亡也是同樣的道理。

後面講到：

夫興家與興國之人，與亡國亡家之人，相去一何遠哉！」

這是講到一個君子能夠行君子之道，那麼就能夠興家，就能夠興國；如果是小人，那麼就會亡國、亡家，這兩者的差距非常大。選擇做小人還是做君子，不僅僅是一個道德問題，它也是一個現實利益的問題。做小人好像得到了眼前的利益，但是會帶來更大的危害；做君子好像失掉了眼前的利益，但是能夠得到更大的利益，他能夠興國、興家；做小人只會敗國、亡家。

這一段雖然講的是君子和小人，實際上還是講社會的風氣。如果社會風氣君子的氣盛，勝於小人，那麼就是太平盛世；如果是小人氣盛，勝過君子，那麼就是衰敗之時。所以說我們一個社會要想興盛，要從哪裏開始？就是要從維持社會的正能量開始。要讓社會君子之道長，小人之道消，這樣社會才會越來越走向光明。如果社會是小人之道長，那麼君子之道就會消亡，這個社會就會走向黑暗。

這一段我們就學習到這裡，謝謝大家。

才正不正第十五

我們繼續來學習《漁樵問對》。我們來看第十五節「才正不正」，這一段主要是跟我們講到才能的兩面性，實際上也是講到德和才的關係。

我們來看原文：

> 樵者問漁者曰：「人所謂才者，有利焉，有害焉者，何也？」

樵夫向漁夫問道：「人們所講到的才能，它有有利的一面，也有有害的一面，這是甚麼意思呢？」

我們來看漁者的回答：

> 漁者曰：「才一也，利害二也。有才之正者，有才之不正者。才之正者利乎人，而及乎身者也；才之不正者利乎身，而害乎人者也。」

漁夫跟我們講到：「這個才能本身是一，是一實際上就是講它沒有利害之分的。如果講到有利害，利和害就變成了二法，才能能給人帶來利，也能夠給人帶來害。這取決於怎麼樣用。就好比刀子，我們如果把它用到正道上，可以爲我們服務，可以幫助我們做菜、切菜，但是刀子也可以成爲殺人害命的工具。如果我們拿刀子殺人害命，那就會給自己帶來危害，也會給他人帶來危害。實際上一個人的才能也是如此，如果他用到正道上就能夠利國利民，如果把才能用在歪門邪道上，就會禍國殃民。

所以後面講到：有才之正者，有才之不正者。這裏的「正」可以說是正道，才能有正與不正之分，你的才能是用到正道上，還是用到不正之道上。

才之正者利乎人，而及乎身者也。你把你的才能用到正道上，你就能夠利人，也能夠利己。

才之不正者利乎身，而害乎人者也。」你的才能用到不正當的事情上，這樣好像是利益自己了，但是實際上會損害他人，損害他人最終還是會損害我們自己。

我們接著來看後面的內容：

曰：「不正，則安得謂之才？」

樵夫就問到：「如果一個人把他的才能用在不正之道上，這樣的人怎麼能夠稱爲有才之人？」這樣的人不能夠說他有才能。

我們來看漁夫的回答：

曰：「人所不能而能之，安得不謂之才？聖人所以惜乎才之難者，謂其能成天下之事而歸之正者寡也。

漁夫就講到：人所不能而能之。別人不能做的事，他能夠做；別人沒有的能力，他有這個能力。

安得不謂之才？這樣的人你不能說他沒有才華，不能說他沒有才能。

後面講到：聖人所以惜乎才之難者。聖人之所以嘆息要得到有才的人很難。這是甚麼意思？謂其能成天下之事而歸之正者寡也。這個人有才能，但是他還要能夠成就天下的事，而且能夠把天下的事歸到正道上來，這樣的人是很少的。在我們社會上有能力的人很多，但是有能力的人是不是聖人講到的真正的有才能呢？不一定。很多人的才華能力他沒有用到正道上，不能夠成就天下之事，不能夠把天下事歸到正道上。

所以後面說：

若不能歸之以正才，則才矣，難乎語其仁也。

一個人他有能力，有才能，但是他不能夠把他的才能應用到正道上來，那麼這樣一個人雖然有才能，但是你很難說他是一個有仁德的人。

後面講：

譬猶藥之療疾也，毒藥亦有時而用也。可一而不可再也，疾愈則速已，不已則殺人矣。

就好比中醫給人治病用藥，中醫在治療疾病的時候，用藥有時候也用毒藥，比如說「附子」的毒性就很大，但是有的時候要治病的時候還要用這一味藥，但毒藥可以用一次，不能夠長期的使用。疾病好了，你就要趕緊把這個藥停掉，如果不停掉，那麼這個藥就會變成殺人的毒藥。

後面講：

平藥則常日而用之可也，重疾非所以能治也。

「平藥」就是中醫裏面講的藥性溫平的藥，這樣的藥是平常都可以用的。但是在遇到重大疾病的時候，這些重大疾病用平藥不能治好的時候，有的時候就得用藥性比較猛烈的藥。

後面說：

能驅重疾而無害人之毒者，古今人所謂良藥也。

能夠治療好人的重大疾病，而且沒有傷害人的毒性，這樣的藥就是過去、現在的人都稱作爲良藥的藥。

後面說：

《易》曰：『大君有命，開國承家，小人勿用。』

這一句話是出自《周易》師卦的上六的爻辭，師卦上六爻辭講到「大君有命，開國承家，小人勿用。」開國承家，開國就是分封諸侯；「承家」就是封卿大夫。諸侯、卿大夫都是天子按照功勞大小而進行封賞的，按照他們的功勞大小，給他們不同的爵位。但是在這個過程中，一定不能夠用小人，因爲用小人一定會危亂邦國。

後面說：

如是，則小人亦有時而用之。

從這裏我們就可以知道，有的時候也可以用到小人。用小人那是在特殊的情況下，這個人的德行雖然不好，但是他有某一方面特別的才能，如果這個時候確實需要用他的才能，那麼這個小人也是可以用的，但是不能夠把小人用到重要的位置。

後面說：

時平治定，用之則否。

如果是治平之世，最好不要任用小人。

後面說：

《詩》云：『它山之石，可以攻玉。』其小人之才乎！」

「它山之石，可以攻玉。」出自《詩經·小雅·鶴鳴》這一篇詩。有人講到這一首詩是勸告周朝的統治者應該招用隱居山野的賢才。「它山之石，可以攻玉」，它的字面意思就是說別的山上的石頭，可以用來作爲磨礪玉石的工具。這裏說的就是我們使用小人，要用小人的才華，也是可以幫助君子成就事業的。實際上前面也講到過，如果沒有小人，那也就凸顯不出君子。一個社會要想完全沒有小人，可以說是幾乎做不到的。但是一個社會在興盛的時候，它是君子之道長，小人之道消。當一個社會君子之風盛行的時候，小人實際上他也會受到君子的感化。要知道每個人他都有良知，沒有哪一個人他生來就是小人，或者生來都是君子，這和他的所處的環境有很大的關係，所謂「近朱者赤，近墨者黑」。

這一段是講到才能正與不正的問題，告訴我們一個人的才能、才華要用到正道上。怎麼樣確保我們的才能用到正道上？就是告訴我們一定要學習聖賢大道，要把才華用到正道上，你首先要知道甚麼是正道，甚麼是不正之道。如果你這個方面的認識都沒有，那麼你就沒有辦法把你的才能用於正路。

所以說一個社會、一個國家，最重要的依舊還是教育的問題。《禮記》裏面講「建國君民，教學爲先。」聖賢的教育就是培養人成君子、成聖賢，把自己的才華、能力用到正道上，這樣能夠利人利己。如果把才華用到不正之處，最終的結果就會是害人害己。

這一段我們就學習到這裡，謝謝大家。

擇用第十六

我們繼續來學習《漁樵問對》。我們來看第十六節「擇用」，這一段講的是擇人、用人的問題。一個國家、一個團體，用賢人就能夠讓國家得到治理，事業就能夠興盛。如果所用的是小人，那麼就會導致國家的滅亡。但是擇人、用人的根本還是在於領導者本身，領導者本身的德行實際上就決定了他會用甚麼樣的人。爲甚麼？因爲一個人是甚麼樣的人，他就會感召甚麼樣的人。所以天下出現聖君的時候，就有很多的賢臣出現於世；如果天下出現一位暴君，那麼就會有很多奸佞之臣出世。我們看中國的歷史，可以說最好的證明。

我們來看原文：

> 樵者謂漁者曰：「國家之興亡，與夫才之邪正，則固得聞命矣。然則何不擇其人而用之？」

樵夫對漁夫說到：「國家的興亡和一個人的才能用到正道，還是沒有用到正道，這些道理我在前面已經聽你講過了，可是爲甚麼作爲一個領導人，他不選擇合適的人來任用呢？」

這樣的問題我們在讀史書的時候，我想很多人也會產生這樣的疑問。比如說領導者、君主，他爲甚麼要用奸佞之臣？他爲甚麼不用賢臣？實際上這個問題不是我們想得這麼簡單的。

我們來看漁夫的回答：

> 漁者曰：「擇臣者，君也；擇君者，臣也。賢愚各從其類而為，奈何有堯、舜之君，必有堯、舜之臣。有桀、紂之君，必有桀、紂之臣。

漁夫講到：擇臣者，君也。選擇臣子的是君主，君主有選擇臣子的權利。每一個君主的臣子，實際上都是君主自己選的。

擇君者，臣也。選擇君主也是每一個臣子自身的選擇。你做君主，你要選擇你的臣子；你做臣子，你也要懂得選擇甚麼樣的君主。所謂良禽擇木而棲，賢臣擇主而佐。眞正有智慧的君主，他會懂得選擇賢臣；有智慧的臣子，他也會懂得選擇君主。

後面講：賢愚各從其類而爲。無論是賢德之人，還是愚鈍之人，他們都會從和自己相類似的人當中去選擇這個人作爲他的臣子，或者是他的君主。

奈何有堯、舜之君，必有堯、舜之臣。讓人感到無可奈何的是有甚麼樣的君主就會有甚麼樣的臣子。有堯、舜那樣的聖君，就會有堯、舜之臣。堯舜是聖君，他的臣子自然就是賢臣。

有桀、紂之君，必有桀、紂之臣。桀、紂是暴君，暴君下面的臣子往往也是奸臣。

堯、舜之臣生乎桀、紂之世，猶桀、紂之臣生於堯、舜之世，必非其所用也。

堯、舜所用的賢臣，如果他們生活在桀、紂這樣的世道；或者說桀、紂用的這些佞臣，生在堯、舜之世，那麼他們都不會被君主所任用。君主所用的臣子往往是和他相類似的，這就是《易經》裏面講到的同聲相應、同氣相求的道理。

後面說：

雖欲為禍為福，其能行乎？

桀、紂之臣，如果他在堯、舜之世，他想要爲禍，他也做不到。堯、舜之臣，如果生在桀、紂之世，他想要爲民造福，他也不會有機會。

後面說：

夫上之所好，下必好之。其若影響，豈待驅率而然耶？

這是講在上位的人，他的喜好一定會影響下位的人。在上位的人喜歡甚麼？在下面的人他也會喜歡同樣的事情，它的關係好比是影和響一樣。「影」指的是影子，我們俗話講「身正不怕影子斜」，你的身是正的，影子也會是正的。「響」指的是回聲，好比我們在山谷裏面，你發出甚麼樣的聲音，它的回聲就是甚麼樣的，這是講到影響。在上位的領導者，你的喜好是甚麼？你下面的人也就會喜好甚麼。

豈待驅率而然耶？哪裏需要你去逼迫，或者引導，他們才會這麼去做。你是甚麼樣的領導，你的下面就會有甚麼樣的臣子，這個實際上是不需要教導的，他自自然然就會如此。

後面說：

> 上好義，則下必好義，而不義者遠矣；上好利，下必好利，而不利者遠矣。

在上位的人，如果他好道德仁義，那麼他的下屬、他的臣子也會好道德仁義，那麼不仁不義的人就會遠離他了。如果在上位的人喜好的是利益，在他下位的人也會喜好利益，那麼那些不求利益的仁德之人就會遠離他。

所以說一個領導者，他的好惡是非常重要的。你喜好甚麼，等於就是在倡導甚麼，就會形成甚麼樣的風氣。因此《大學》裏面講「國不以利爲利，以義爲利。」治理國家不能夠把利益當作利益，而要以仁德當作利益。

下面說：

> 好利者眾，則天下日削矣；好義者眾，則天下日盛矣。

如果好利的人多了，那麼天下就會日漸削弱，我們國家國力就會削減。因爲人人都是想到自己的私利，沒有人會去爲社會、爲國家來做事情，個個都是損公肥私，那麼這個國力就會削弱。

好義者衆，則天下日盛矣。如果大家都講求道德仁義，那麼天下就會興盛。因爲人人想的都不是自己的私利，而是想到怎麼樣利益天下、利益社會、利益國家，自然國家就會興盛。

後面說：

日盛則昌，日削則亡。盛之與削，昌之與亡，豈其遠乎？

這個社會、國家如果日益興盛，那麼國家就會榮昌；如果國力日漸削減，那麼這個國家就會走向危亡。一個國家的國力是日漸興盛，還是日漸削減，一個國家是昌盛，還是危亡，實際上距離都是不遠的事情，關鍵在哪裏呢？就在於領導人的喜好。

在上之所好耳。

就看你領導人喜好的是甚麼，他重視的是仁義還是利益。

夫治世何嘗無小人，亂世何嘗無君子，不用則善惡何由而行也。」

治世也有小人，亂世也有君子。如果君子得不到任用，小人在位，那麼國家就會小人道長，君子道消，社會就會走向衰敗。如果國家任用的都是君子，社會就會君子道長，小人道消，國家就會日漸興盛。任用君子就能夠推行善行；如果用的是小人，就會導致不良風氣的滋長。

《周易》上說，「同聲相應，同氣相求」。你是甚麼樣的領導，你就會感召甚麼樣的臣子，最後也就會導致社會走向甚麼樣的局面。領導者的選擇，領導者的喜好也就決定了社會是走向興盛，還是走向衰亡。這些道理其實不難明白，不僅一個社會是如此，一個家庭也是如此，我們一個人的人生、事業也是如此，都在於我們自己的喜好。因此古人教導我們要做一個好善、好德者，要多親近仁德之人，這樣才能夠得到幸福美好的人生。

這一節我們就學習到此地，謝謝大家。

善惡第十七

我們繼續來學習《漁樵問對》。接下來是最後一節「善惡」，這一節主要是跟我們探討善人和惡人，也就是君子和小人與社會治亂的關係。

我們來看原文：

> 樵者曰：「善人常寡，而不善人常眾。治世常少，亂世常多。何以知其然耶？」

樵夫向漁夫問到：這個世間是善人常寡，而不善人常衆，好人少、惡人多。善人，我們可以理解爲依道義而行的人，這樣的人是善人；不善的人，也就是追逐私利的人。這個世間依道義而行的人是少數，追逐私利的人是多數。

如果從佛家來講，善人是甚麼樣的人？就是行十善的人；不善的人就是行十惡的人。這個世間確實也是行十善的人很少，造作十惡的人可以說是到處都是。善人少的話，那麼社會治的時候當然就很少了。如果是善人多，社會就能夠實現治世。

過去雍正皇帝有一篇《上諭》就講到，「三教之覺明於海內也，禮同出於一原，道並行而不悖。」儒、釋、道三教教導民衆要實現自我覺悟，他講的理實際上都是從一個地方來的，也就是從我們的眞心本性當中所來的。

南北朝時期，劉宋的宋文帝和他的大臣何尚之有一段對話，何尚之和宋文帝講：「百家之鄉，十人持五戒，則十人淳謹；千室之邑，百人持十善，則百人和睦。持此風教，以周寰區，則編戶億千，仁人百萬，而能行一善則去一惡，去一惡則息一刑，一刑息於家，萬刑息於國，洵乎可以垂拱坐致太平矣。」這裏面就講到，如果人人都能夠持五戒十善，那麼人人都能夠成爲良善之人，要想實現天下太平也就不難了。但是實際上世間是善人少而不善人多。這個原因在哪裏呢？原因就是缺少教化。

我們來看漁夫的回答：

曰：「觀之於物，何物不然？譬諸五穀，耘之而不苗者有矣。蓬莠不耘而猶生，耘之而求其盡也，亦未如之何矣！

漁夫跟樵夫講到：觀之於物，何物不然？我們觀察天下的萬事萬物，哪一樣事物不是如此呢？

然後漁夫就拿五穀來作例子說明。譬諸五穀。「五穀」指的是我們種植的糧食，所謂稻、黍、稷、麥、豆。五穀雖然我們人非常用心地去栽培它，用心地耕耘，但是五穀不出苗的情況還是會發生。

但是蓬莠，蓬莠是泛指雜草，如果分開來說，「蓬」指的是蒿草；「莠」指的是狗尾巴草。田間的雜草我們不需要去耕耘，但是它自然就會生長。即使我們去把它除掉，你要想把它除得乾乾淨淨，也是一件不容易的事情，你把它除了它還會生。而五穀的苗稼你要好好地用心去栽培、耕耘，它還不一定有好的收成。而雜草你沒有人去管它，但是它自然就會長得很茂盛；如果你不把它除掉，它就會影響五穀的生長。

實際上五穀好比是君子，雜草好比是小人。一個人要成爲一個君子，需要非常的努力去對治自己的習氣毛病；如果是做一個小人，他自自然而然，不需要努力，他隨順自己的習氣毛病，自然就是一個小人。爲甚麼？就是因爲我們人的善心所少，惡心所多，我們每個人與生俱來的習氣毛病是非常重的。因此我們要成爲一個善人，就必須用心對治我們的習氣毛病。

後面說：

> 由是知君子小人之道，有自來矣。君子見善則喜之，見不善則遠之；小人見善則疾之，見不善則喜之。善惡各從其類也。

這一段核心跟我們講君子和小人的差別，通過上面講到的五穀和雜草的事例，我們就能夠明白爲甚麼世間君子、賢人很少，而小人、惡人反而很多，這是自然就是如此。君子之道和小人之道都有它的自然之理。因此古人講「流俗衆，仁者希」，世俗的小人很多，眞正的仁德君子是非常少見的。

後面講：君子見善則喜之，見不善則遠之。君子見到善行，他就心生歡喜，他就能夠起而效法；見到不善的行爲，他就會遠離。爲甚麼？因爲君子懂得潔身自好。

小人見善則疾之，見不善則喜之。小人見到人行善就會憎惡，看到不善的行爲他就會心生歡喜。

善惡各從其類也。君子會見善者喜，小人會見惡生喜。這樣君子和小人的分別由此就可以看得出來，他們都是各從其類，所謂君子樂得做君子，小人是安於做小人。

後面說：

君子見善則就之，見不善則違之；小人見善則違之，見不善則就之。

這又是給我們舉出君子和小人的差別，君子見到善行他就要親近他，看到人做好事他就去幫助、去成就，所謂君子成人之美，不成人之惡。見到人行不善的事，他就能夠去違逆他，叫人不要造惡，能夠勸人爲善，勸人斷惡。

小人見善則違之，見不善則就之。小人看到人做好事，看到人行善，就勸導人不要去行善。如果見到人在做不善的事情，他反而去幫助他，成就人的惡行。這就是君子和小人的又一個差別。

後面說：

君子見義則遷，見利則止；小人見義則止，見利則遷。

這是從義和利這一方面來看君子和小人的差別。君子見義則遷，見到符合道義、符合仁義的事情，他就趕緊去做，所謂義不容辭、無怨無悔地去做；見利則止，如果是遇到爭利的事情，爭名奪利的事情，他自自然然就停下來，不去參與其中。

小人見義則止，見利則遷。小人見到道義的事情，如果沒有利益他就不去做了。你要讓小人去做無私的奉獻，他是不願意去做的；如果有利，他就會趕緊去，見利則遷，見到利益他就比誰都快了。為甚麼？因為小人念念想到的是利。

我們再看後面的總結：

遷義則利人，遷利則害人。利人與害人，相去一何遠耶？

這裏講到君子見義則遷，遷義，那麼就能夠利益大眾。小人是見利則遷，遷利那就會危害大眾。我們的行為是利益人，還是傷害於人，這兩者的差別就太遠了。這也是《論語》裏面孔子說的，「君子喻於義，小人喻於利。」這一段可以說也是對《論語》裏面這句話的一個註解。

我們再來看後面的內容：

家與國一也，其興也，君子常多而小人常鮮。其亡也，小人常多而君子常鮮。君子多而去之者，小人也；小人多而去之者，君子也。

這是講一個家庭、一個國家都是一樣的，一個家庭興盛的時候，或者說一個國家興盛的時候，往往都是君子多而小人少。等到一個國家要滅亡的時候，往往是小人當政，而君子很少。君子很多而導致君子離去的原因，就是因爲小人當政；小人很多而被驅除，就是因爲君子當政，一個國家的興盛、社會的治亂，其實根源就在於是甚麼人在主持政事，如果是君子之道長，那麼小人之道就會消，社會就會興盛，就會得到大治。如果是小人當政，君子就會被驅逐，就會小人道長，君子道消，社會就會衰敗，國家就會走向動亂。

我們再來看後面一段：

君子好生，小人好殺。好生則世治，好殺則世亂。

君子好生，這是講君子有仁德。我們常講「上天有好生之德」，《禮記》裏面講到「孟春之月，犧牲勿用牝」。在春季的時候，祭祀不能夠用雌性的動物。爲甚麼？雌性的動物在春天懷孕，腹中有孩子，這也是代表儒家的仁愛之心；佛教更是告訴我們不能夠殺生。可以說在仁愛這一點上，儒、釋、道三家都是相通的，君子總是心存仁愛。

小人好殺。小人身上的殺氣會很重，爲甚麼？他容易起嗔恨心。

後面講：好生則世治，好殺則世亂。如果這個社會都是君子，君子有仁愛之心，人人都有仁愛之心，世界就會走向仁愛、和平，社會就能得到大治。如果是小人當道，因爲小人好殺，好殺就是恚怒之心，恚怒之心就會帶來衝突、帶來鬥爭，社會就會大亂。

後面說：

君子好義，小人好利。治世則好義，亂世則好利。其理一也。」

君子所喜好的是道德仁義，小人所喜好的是自己的利益。在天下治平之世往往是君子多，因爲君子好義，大家都能夠遵義而行，社會自然就安定、太平，人跟人之間不會你爭我奪。

到了亂世的時候，亂世是小人當道，大家都在爭奪利益。對於利益的爭奪，一開始是競爭；競爭如果得不到，就會有鬥爭；鬥爭再升級就變成戰爭。我們看到現在這個世界很多地方衝突、戰亂不斷，根源在哪裏？根源就在於爭和奪，爭奪土地、爭奪資源。實際上在爭奪的過程當中，沒有一個人是最終的利益獲得者。爲甚麼？只要有戰爭，就不會有和平，沒有和平就談不上發展。

其理一也。這裏面所講的道理，無論是用到我們一個人身上、一個家、一個國家，乃至於整個世界都是如此。

樵夫和漁夫的對話到這裏就結束了。我們再來看最後一段結尾。

釣者談已，樵者曰：「吾聞古有伏羲，今日如睹其面焉。」拜而謝之，及旦而去。

漁夫講完之後，樵夫聽了非常的歡喜。他講到：「我聽說古代有聖人叫伏羲氏，據說《易經》的八卦就是伏羲氏所發明的。我今天見到你，就好像是見到了古代的聖人伏羲氏。」這是樵夫對漁夫的讚嘆。

然後樵夫就對漁夫拜而謝之，等到天亮了樵夫就離開了。

《漁樵問對》可以說就是漁夫和樵夫兩個人的徹夜長談。當然這一篇文章只是邵雍夫子借助漁夫和樵夫的對話，把他的思想表達出來。全篇文章以利害作爲開始，然後也以利害作爲終結。核心告訴我們，無論是做人、治國、治世，都是要遵從仁義道德，都要把道義放在第一位，你才能夠得到眞正的利。如果你把利益放在第一位，利益的背後往往就有害在裏面。如果我們見利忘義，最終就會導致災害的發生。這裏面重要的一點，就是告訴我們不能夠起貪心，貪心的本質就是逐利之心，貪心一起，背後往往就帶着災害。儒、釋、道三教都把「貪」作爲萬惡之源。這一篇文章，實際上就是提醒我們要懂得分辨利害的關係，要能夠遵循仁義，做一個有仁德的君子，最終成爲賢人、聖人。

《漁樵問對》到這裏我們就簡單地學習了一遍，實際上這裏面的易理是非常的深廣的，我們的學習只是非常淺顯地把這一篇文章的大義給大家介紹一下，其中有的地方可能講的也不是很圓滿，只是給大家做一個參考。如果要眞正領悟其中的深廣的含義，需要我們自己反復地去學習、閱讀和體悟，在這個當中你就能夠了悟到我們自己和天地萬物實際上是一體的。眞正你把這篇文章讀透了，你就能夠見到自己的心，見到天地之心，見到萬物之心。

我們就學習到此地，謝謝大家。

《漁樵問對》原文

利害第一

漁者垂釣於伊水之上。樵者過之，弛擔息肩，坐於磐石之上，而問於漁者，曰：「魚可鉤取乎？」

曰：「然。」

曰：「鉤非餌可乎？」

曰：「否。」

曰：「非鉤也，餌也。魚利食而見害，人利魚而蒙利，其利同也，其害異也。敢問何故？」

漁者曰：「子樵者也，與吾異治，安得侵吾事乎？然亦可以為子試言之。彼之利，猶此之利也；彼之害，亦猶此之害也。子知其小，未知其大。魚之利食，吾亦利乎食也；魚之害食，吾亦害乎食也。子知魚終日得食為利，又安知魚終日不得食為害？如是，則食之害也重，而鉤之害也輕。子知吾終日得魚為利，又安知吾終日不得魚不為害也？如是，則吾之害也重，魚之害也輕。以魚之一身，當人之一食，則魚之害多矣；以人之一身，當魚之一食，則人之害亦多矣。又安知釣乎大江大海，則無易地之患焉？魚利乎水，人利乎陸，水與陸異，其利一也；魚害乎餌，人害乎財，餌與財異，其害一也。又何必分乎彼此哉！子之言，體也。獨不知用爾。」

體用第二

樵者又問曰：「魚可生食乎？」

曰：「烹之可也。」

曰：「必吾薪濟子之魚乎？」

曰：「然。」

曰：「吾知有用乎子矣。」

曰：「然則子知子之薪，能濟吾之魚，不知子之薪所以能濟吾之魚也。薪之能濟魚久矣，不待子而後知。苟世未知火之能用薪，則子之薪雖積丘山，獨且奈何哉？」

樵者曰：「願聞其方。」

曰：「火生於動，水生於靜。動靜之相生，水火之相息。水火，用也；草木，體也。用生於利，體生於害。利害見乎情，體用隱乎性。一性一情，聖人能成。子之薪猶吾之魚，微火則皆為腐臭朽壞，而無所用矣，又安能養人七尺之軀哉？」

樵者曰：「火之功大於薪，固已知之矣。敢問善灼物，何必待薪而後傳？」

曰：「薪，火之體也。火，薪之用也。火無體，待薪然後為體；薪無用，待火然後為用。是故凡有體之物，皆可焚之矣。」

曰：「水有體乎？」

曰：「然。」

曰：「火能焚水乎？」

曰：「火之性，能迎而不能隨，故滅。水之體，能隨而不能迎，故熱。是故有溫泉而無寒火，相息之謂也。」

曰：「火之道生於用，亦有體乎？」

漁夫說：曰：「火以用為本，以體為末，故動；水以體為本，以用為末，故靜。是火亦有體，水亦有用也。故能相濟，又能相息。非獨水火則然，天下之事皆然，在乎用之何如爾！」

樵者曰：「用可得聞乎？」

曰：「可以意得者，物之性也；可以言傳者，物之情也；可以象求者，物之形也；可以數取者，物之體也。用也者，妙萬物為言者也，可以意得，而不可以言傳。」

曰：「不可以言傳，則子惡得而知之乎？」

曰：「吾所以得而知之者，固不能言傳。非獨吾不能傳之以言，聖人亦不能傳之以言也。」

曰：「聖人既不能傳之以言，則六經非言也耶？」

曰：「時然後言，何言之有？」

樵者讚曰：「天地之道備於人，萬物之道備於身，眾妙之道備於神，天下之能事畢矣，又何思何慮！吾而今而後，知事心踐形之為大。不及於之門，則幾至於殆矣！」

乃析薪烹魚而食之，飫而論《易》。

物我第三

漁者與樵者遊於伊水之上。

漁者嘆曰：「熙熙乎萬物之多，而未始有雜。吾知遊乎天地之間，萬物皆可以無心而致之矣。非子則孰與歸焉！」

樵者曰：「敢問無心致天地萬物之方？」

漁者曰：「無心者，無意之謂也。無意之意，不我物也。不我物，然後定能物物。」

曰：「何謂我，何謂物？」

曰：「以我徇物，則我亦物也；以物徇我，則物亦我也。我物皆致，意由是明。天地亦萬物也，何天地之有焉！萬物亦天地也，何萬物之有焉！萬物亦我也，何萬物之有焉！我亦萬物也，何我之有焉！何物不我，何我不物！如是則可以宰天地，可以司鬼神。而況於人乎？況於物乎？」

名實第四

樵者問漁者曰：「天何依？」

曰：「依乎地。」

曰：「地何附？」

曰：「附乎天。」

曰：「然則天地何依何附？」

曰：「自相依附。天依形，地附氣。其形也有涯，其氣也無涯。有無之相生，形氣之相息。終則有始，終始之間，其天地之所存乎？

天以用為本，以體為末；地以體為本，以用為末。利用出入之謂神，名體有無之謂聖。唯神與聖，能參乎天地者也。小人則日用而不知，故有害生實喪之患也。

夫名也者，實之客也；利也者，害之主也。名生於不足，利喪於有餘。害生於有餘，實喪於不足。此理之常也。

養身者必以利，貪夫則以身徇利，故有害生焉。立身必以名，眾人則以身徇名，故有實喪焉。

竊人之財謂之盜。其始取之也，唯恐其不多也。及其敗露也，唯恐其多矣。

夫賄之與贓，一物也而兩名者，利與害故也。

竊人之美謂之徼。其始取之也，唯恐其不多也。及其敗露也，唯恐其多矣。

夫譽與毀，一事也而兩名者，名與實故也。

凡言朝者，萃名之所也；市者，聚利之地也。能不以爭處乎其間，雖一日九遷，一貨十倍，何害生實喪之有耶？

是知爭也者，取利之端也；讓也者，趨名之本也。

利至則害生，名興則實喪。

利至名興，而無害生實喪之患，唯有德者能之。

天依地，地附天，豈相遠哉！」

治亂第五

漁者謂樵者曰：「天下將治，則人必尚行也；天下將亂，則人必尚言也。尚行，則篤實之風行焉；尚言，則詭譎之風行焉。

天下將治，則人必尚義也；天下將亂，則人必尚利也。尚義，則謙讓之風行焉。尚利，則攘奪之風行焉。

三王，尚行者也；五霸，尚言者也。尚行者，必入於義也；尚言者，必入於利也。

義利之相去，一何如是之遠耶？是知言之於口，不若行之於身。行之於身，不若盡之於心。言之於口，人得而聞之；行之於身，人得而見之；盡之於心，神得而知之。

人之聰明猶不可欺，況神之聰明乎？是知無愧於口，不若無愧於身；無愧於身，不若無愧於心。無口過易，無身過難；無身過易，無心過難。既無心過，何難之有！籲！安得無心過之人，與之語心哉！」

觀物第六

漁者謂樵者曰：「子知觀天地萬物之道乎？」

樵者曰：「未也。願聞其方。」

漁者曰：「夫所以謂之觀物者，非以目觀之也；非觀之以目，而觀之以心也；非觀之以心，而觀之以理也。

天下之物，莫不有理焉，莫不有性焉，莫不有命焉。

所以謂之理者，窮之而後可知也；所以謂之性者，盡之而後可知也；所以謂之命者，至之而後可知也。此三知者，天下之真知也，雖聖人無以過之也。而過之者，非所以謂之聖人也。

夫鑑之所以能為明者，謂其能不隱萬物之形也；雖然鑑之能不隱萬物之形，未若水之能一萬物之形也；雖然水之能一萬物之形，又未若聖人之能一萬物情也。

聖人之所以能一萬物之情者，謂其聖人之能反觀也。所以謂之反觀者，不以我觀物也。不以我觀物者，以物觀物之謂也。既能以物觀物，又安有我於其間哉？是知我亦人也，人亦知我也，我與人皆物也。此所以能用天下之目為己之目，其目無所不觀矣；用天下耳為己之耳，其耳無所不聽矣；用天下之口為己之口，其口無所不言矣；用天下之心為己之心，其心無所不謀矣。

夫天下之觀，其於見也，不亦廣乎！天下之聽，其於聞也，不亦遠乎！天下之言，其於論也，不亦高乎！天下之謀，其於樂也，不亦大乎！夫其見至廣，其聞至遠，其論至高，其樂至大，能為至廣、至遠、至高、至大之事，而中無一為焉，豈不謂至神至聖者乎？非唯吾謂之至神至聖者乎，而天下謂之至神至聖者乎？非唯一時之天下謂之至神至聖者乎，而千萬世之天下謂之至神至聖者乎？過此以往，未之或知也已。」

人天第七

樵者問漁者曰：「子以何道而得魚？」

曰：「吾以六物具而得魚。」

曰：「六物具也，豈由天乎？」

曰：「具六物而得魚者，人也。具六物而所以得魚者，非人也。」

樵者未達，請問其方。

漁者曰：「六物者，竿也，綸也，浮也，沉也，鈎也，餌也。一不具，則魚不可得。然而六物具而不得魚者，非人也。六物具而不得魚者有焉，未有六物不具而得魚者也。是知具六物者，人也。得魚與不得魚，天也。六物不具而不得魚者，非天也，人也。」

樵者曰：「人有禱鬼神而求福者，福可禱而求耶？求之而可得耶？敢問其所以。」

曰：「語善惡者，人也。福禍者，天也。天道福善而禍淫，鬼神豈能違天乎？自作之咎，固難逃已；天降之災，禳之奚益？修德積善，君子常分。安有餘事於其間哉！」

樵者曰：「有為善而遇禍，有為惡而獲福者，何也？」

漁者曰：「有幸與不幸也。幸不幸。命也；當不當，分也。一命一分，人其逃乎？」

曰：「何謂分？何謂命？」

曰：「小人之遇福，非分也，有命也；當禍，分也，非命也。君子之遇禍，非分也，有命也；當福，分也，非命也。」

義利第八

漁者謂樵者曰：「人之所謂親，莫如父子也；人之所謂疏，莫如路人也。利害在心，則父子過路人遠矣。父子之道，天性也。利害猶或奪之，況非天性者乎？

夫利害之移人，如是之深也，可不慎乎？

夫義者，讓之本也；利者，爭之端也。讓則有仁，爭則有害。

仁與害，何相去之遠也！

堯、舜亦人也，桀、紂亦人也，人與人同，而仁與害異爾。

仁因義而起，害因利而生。

利不以義，則臣弒其君者有焉，子弒其父者有焉。豈若路人之相逢，一目而交袂於中逵者哉！」

力分第九

樵者謂漁者曰：「吾嘗負薪矣，舉百斤而無傷吾之身，加十斤則遂傷吾之身。敢問何故？」

漁者曰：樵則吾不知之矣。以吾之事觀之，則易地皆然。吾嘗釣而得大魚，與吾交戰。欲棄之，則不能捨；欲取之，則未能勝。終日而後獲，幾有沒溺之患矣。非直有身傷之患耶！魚與薪則異也，其貪而為傷則一也。百斤力，分之內者也；十斤力，分之外者也。力分之外，雖一毫猶且為害，而況十斤乎！吾之貪魚，亦何以異子之貪薪乎！

樵者嘆曰：「吾而今而後，知量力而動者，智矣哉！」

易理第十

樵者謂漁者曰：「子可謂知《易》之道矣。吾敢問『《易》有太極』，太極，何物也？」

曰：「無為之本也。」

曰：「『太極生兩儀』，兩儀，天地之謂乎？」

曰：「兩儀，天地之祖也，非止為天地而已也。太極分而為二，先得一為一，後得一為二，一二謂兩儀。」

曰：「『兩儀生四象』，四象，何物也？」

曰：「四象謂『陰陽剛柔』。有陰陽，然後可以生天；有剛柔，然後可以生地。立功之本，於斯為極。」

曰：「『四象生八卦』，八卦，何謂也？」

曰：「謂乾、坤、離、坎、兌、艮、震、巽之謂也。疊相盛衰，終始於其間矣。因而重之，則六十四卦由是而生也，而《易》之道始備矣。」

樵者問漁者曰：「復何以見天地之心乎？」

曰：「先陽已盡，後陽始生，則天地始生之際，中則當日月始周之際，末則當星辰始終之際。萬物死生，寒暑代謝，晝夜遷變，非此無以見之。當天地窮極之所必變，變則通，通則久。故《象》言『先王以至日閉關，商旅不行，後不省方』，順天故也。」

樵者謂漁者曰：「『無妄，災也』敢問何故？」

曰：「妄，則欺也。得之必有禍，斯有妄也。順天而動，有禍及者，非禍也，災也。猶農有思豐而不勤稼穡者，其荒也，不亦禍乎？農有勤稼穡而復敗諸水旱者，其荒也，不亦災乎？故《象》言『先王以茂對時，育萬物』，貴不妄也。」

樵者問：「姤，何也？」

曰：「姤，遇也。柔遇剛也，與夬正反。夬始逼壯，姤始遇壯，陰始遇陽，故稱姤焉。觀其姤，天地之心亦可見矣。聖人以德化，及此罔有不昌。故《象》言『后以施命告四方』，『履霜』之慎，其在此也。」

漁者謂樵者曰：「春為陽始，夏為陽極；秋為陰始，冬為陰極。陽始則溫，陽極則熱；陰始則涼，陰極則寒。溫則生物，熱則長物，涼則收物，寒則殺物。皆一氣其別而為四焉，其生萬物也亦然。」

人物第十一

樵者問漁者曰：「人之所以能靈於萬物者，何以知其然耶？」

漁者對曰：「人之所以能靈於萬物者，謂其目能收萬物之色，耳能收萬物之聲，鼻能收萬物之氣，口能收萬物之味。聲色氣味者，萬物之體也。目耳口鼻者，萬人之用也。體無定用，惟變是用；用無定體，惟化是體。體用交而人物之道於是乎備矣。然則人亦物也，聖人亦人也。有一物之物，有十物之物，有百物之物，有千物之物，有萬物之物，有億物之物，有兆物之物。生一一之物，當兆物之物者，豈非人乎？

有一人之人，有十人之人，有百人之人，有千人之人，有萬人之人，有億人之人，有兆人之人。生一一之人，當兆人之人者，豈非聖乎？是知人也者，物之至者也；聖也者，人之至者也。物之至者，始得謂之物之物也；人之至者，始得謂之人之人也。夫物之至者，至物之謂也；而人之至者，至人之謂也。以一至物而當一至人，則非聖人而何？人謂之不聖，則吾不信也。

何哉？謂其能以一心觀萬心，一身觀萬身，一物觀萬物，一世觀萬世者焉；又謂其能以心代天意，口代天言，手代天工，身代天事者焉。又謂其能以上識天時，下盡地理，中盡物情，通照人事者焉。又謂其能以彌綸天地，出入造化，進退今古，表裏人物者焉。

噫！聖人者，非世世而效聖焉，吾不得而目見之也。雖然吾不得而目見之，察其心，觀其蹟，探其體，潛其用，雖億萬年亦可以理知之也。

人或告我曰『天地之外，別有天地萬物，異乎此天地萬物』，則吾不得而知已。非唯吾不得而知已也，聖人亦不得而不知之也。

凡言知者，謂其心得而知之也。言之者，謂其口得而言之也。既心尚不得而知之，口又惡得而言之乎？以心不可得知而知之，是謂妄知也。以口不可得言而言之，是謂妄言也。吾又安能從妄人而行妄知、妄言者乎？」

漁者謂樵者曰：「仲尼有言曰：『殷因於夏禮，所損益可知也；周因於殷禮，所損益可知也。其或繼周者，雖百世可知也。』夫如是，則何止千百世而已哉！億千萬世，皆可得而知之也。

人皆知仲尼之為仲尼，不知仲尼之所以為仲尼。不欲知仲尼之所以為仲尼則已，如其必欲知仲尼之所以為仲尼，則捨天地將奚之焉？人皆知天地之為天地，不知天地之所以為天地。不欲知天地之所以為天地則已，如其必欲知天地之所以為天地，則捨動靜將奚之焉？

夫一動一靜之間者，天地人之至妙至妙者歟？

是知仲尼之所以能盡三才之道者，謂其行無轍蹟也。故有言曰：『予欲無言。』又曰：『天何言哉？四時行焉，百物生焉。』其此之謂與？」

權變第十二

漁者謂樵者曰：「大哉！權之與變乎？非聖人無以盡之。變然後知天地之消長，權然後知天下之輕重。消長，時也；輕重，事也。時有否泰，事有損益。聖人不知隨時否泰之道，奚由知變之所為乎？聖人不知隨時損益之道，奚由知權之所為乎？運消長者，變也。處輕重者，權也。是知權之與變，聖人之一道耳。

生死第十三

樵者問漁者曰：「人謂死而有知，有諸？」

曰：「有之。」

曰：「何以知其然？」

曰：「以人知之。」

曰：「何者謂之人？」

曰：「目耳鼻口、心膽脾腎之氣全，謂之人。心之靈曰神，膽之靈曰魄。脾之靈曰魂，腎之靈曰精；心之神發乎目，則謂之視；腎之精發乎耳，則謂之聽；脾之魂發乎鼻，則謂之臭；膽之魄發乎口，則謂之言。八者具備，然後謂之人。

夫人也者，天地萬物之秀氣也。然而亦有不中者，各求其類也。若全得人類，則謂之曰全人之人。夫全類者，天地萬物之中氣也，謂之曰全德之人也。全德之人者，人之人者也。

夫人之人者，仁人之謂也。唯全人，然後能當之。

人之生也，謂其氣行，人之死也，謂其形返。氣行則神魂交，形返則精魄存。神魂行於天，精魄返於地。行於天，則謂之曰陽行；返於地，則謂之曰陰返。陽行則晝見而夜伏者也。陰返則夜見而晝伏者也。是故，知日者月之形也，月者日之影也；陽者陰之形也，陰者陽之影也；人者鬼之形也，鬼者人之影也。人謂鬼無形而無知者，吾不信也。

君子小人第十四

樵者問漁者曰：「小人可絕乎？」

曰：「不可。君子稟陽正氣而生，小人稟陰邪氣而生。無陰則陽不成，無小人則君子亦不成，唯以盛衰乎其間也。陽六分則陰四分，陰六分則陽四分，陽陰相半則各五分矣。由是知君子小人之時有盛衰也。治世則君子六分。君子六分，則小人四分，小人固不能勝君子矣。

亂世則反是。

君君，臣臣，父父，子子，兄兄，弟弟，夫夫，婦婦，謂各安其分也。君不君，臣不臣，父不父，子不子，兄不兄，弟不弟，夫不夫，婦不婦，謂各失其分也。此則由世治世亂使之然也。

君子常行勝言，小人常言勝行。故世治則篤實之士多，世亂則緣飾之士眾。篤實鮮不成事，緣飾鮮不敗事。成多國興，敗多國亡。家亦由是而興亡也。夫興家與興國之人，與亡國亡家之人，相去一何遠哉！」

才正不正第十五

樵者問漁者曰：「人所謂才者，有利焉，有害焉者，何也？」

漁者曰：「才一也，利害二也。有才之正者，有才之不正者。才之正者利乎人，而及乎身者也；才之不正者利乎身，而害乎人者也。」

曰：「不正，則安得謂之才？」

曰：「人所不能而能之，安得不謂之才？聖人所以惜乎才之難者，謂其能成天下之事而歸之正者寡也。若不能歸之以正才，則才矣，難乎語其仁也。譬猶藥之療疾也，毒藥亦有時而用也。可一而不可再也，疾愈則速已，不已則殺人矣。平藥則常日而用之可也，重疾非所以能治也。能驅重疾而無害人之毒者，古今人所謂良藥也。

《易》曰：『大君有命，開國承家，小人勿用。』如是，則小人亦有時而用之。時平治定，用之則否。

《詩》云：『它山之石，可以攻玉。』其小人之才乎！」

擇用第十六

樵者謂漁者曰：「國家之興亡，與夫才之邪正，則固得聞命矣。然則何不擇其人而用之？」

漁者曰：「擇臣者，君也；擇君者，臣也。賢愚各從其類而為，奈何有堯、舜之君，必有堯、舜之臣。有桀、紂之君，必有桀、紂之臣。

堯、舜之臣生乎桀、紂之世，猶桀、紂之臣生於堯、舜之世，必非其所用也。雖欲為禍為福，其能行乎？

夫上之所好，下必好之。其若影響，豈待驅率而然耶？上好義，則下必好義，而不義者遠矣；上好利，下必好利，而不利者遠矣。

好利者眾，則天下日削矣；好義者眾，則天下日盛矣。日盛則昌，日削則亡。盛之與削，昌之與亡，豈其遠乎？在上之所好耳。

夫治世何嘗無小人，亂世何嘗無君子，不用則善惡何由而行也。」

善惡第十七

樵者曰：「善人常寡，而不善人常眾。治世常少，亂世常多。何以知其然耶？」

曰：「觀之於物，何物不然？譬諸五穀，耘之而不苗者有矣。蓬莠不耘而猶生，耘之而求其盡也，亦未如之何矣！由是知君子小人之道，有自來矣。君子見善則喜之，見不善則遠之；小人見善則疾之，見不善則喜之。善惡各從其類也。君子見善則就之，見不善則違之；小人見善則違之，見不善則就之。君子見義則遷，見利則止；小人見義則止，見利則遷。遷義則利人，遷利則害人。利人與害人，相去一何遠耶？家與國一也，其興也，君子常多而小人常鮮。其亡也，小人常多而君子常鮮。君子多而去之者，小人也；小人多而去之者，君子也。君子好生，小人好殺。好生則世治，好殺則世亂。君子好義，小人好利。治世則好義，亂世則好利。其理一也。」

釣者談已，樵者曰：「吾聞古有伏羲，今日如睹其面焉。」拜而謝之，及旦而去。